# Golf and Life II
*Tao Learning from Golf*

Also by Jong Up Kim, Ph.D.


*Doran Doran Tao Story*

*An Evolving Mind*

*Freedom from Cancer*

*Golf and Life I*


*You can find information at www.donanuri.org*

*http://cafe.daum.net/donanury*

# Golf and Life II
## *Tao Learning from Golf*

Jong Up Kim, Ph.D.

We want to hear from you. Please send your comments about this book to us in care of up4983@hanmail.net.
Thank you.

Golf and Life II:
*Tao Learning from Golf*

ISBN-13: 978-1-944290-09-2
ISBN-10: 1944290095

*I dedicate this book
to the readers*

*and*

*to becoming a light to brighten the world
among the darkness
of humanity.*

# CONTENTS

# Preface

주간동아에 장장 1 년 여 동안 연재된 인기칼럼,

A popular column that has been published for over a year on the weekly Donga in South Korea,

도사가 쓰는 골프와 인생의 백미,

The highlight of Life and Golf written by the Enlightened one,

신선놀음의 내재된 철학을 배우는 지침서.

A guide to learning the intrinsic philosophy of an enlightened one's playing.

This is the second part of the book titled *Golf and Life: Tao Learning from Golf*. Golf is a game where one experiences birth and death on the ground. Life is created when the ball is placed on the tee. The life that is born rushes toward one purpose. Towards the hole. We call it a grave, but it is also a reincarnation, the preparation for the next tee shot. There is no need to be afraid of death in life because birth rushes to the hole of death, but the next life is always ready. Experience this principle through golf. Your attitude toward life will be changed.

골프는 탄생과 죽음을 땅에서 경험하는 놀이이다. 티샷에 공을 올려놓는 순간 생명이 창조된다. 탄생된 생명은 하나의 목적을 향해 달려간다. 구멍을 향해. 우리는 이를 무덤이라 부르지만 이는 반드시 환생, 즉 다음 티샷을 위한 준비이기도 하다. 탄생된 생명이 죽음이라는 홀컵을 향해 달려가지만 다음 생이 반드시 준비되어 있는 관계로 인생에서 죽음을 두려워 할 필요가 없다. 골프를 통해 이 법칙을 음미하여 보라. 생을 대하는 당신의 태도가 달라질 것이다.

골프 선수도 아니고 칼럼니스트도 아닌 내가 골프에 대해 이런 저런 이야기를 썼습니다. 스포츠에 대해 이론적 공부가 있었던 것도 아닌 내가 이런 글을 쓴다는 것은 일견 꼴불견으로 보일지 모르지만, 인간과 몸 쓰임에 대해서는 감히 말 할 수 있다는 자격으로 썼습니다. 인간에 대한 연구가 거의 30 여년 동안 진행해 왔기 때문입니다.

나는 언제나 끝을 향해 달립니다. 모든 시작은 하나의 생각으로부터 출발하지만 끝은 언제나 한결같습니다. 지나온 여정을 기억 속에 묻은 체, 조용히 홀을 향해 나를 내려놓는 과정을 거칩니다. 그 여정, 그 길을 인생에서는 삶이라고 하고 골프에서는 타수라고 합니다. 내 삶을 어떻게 살았건 마지막에는 기억만이 남고 골프에서는 스코어 카드가 남습니다.

남아있는 기억이 한이 되면, 죽음에 이른 나는 끈 조차 내려놓지 못하고 귀신이 되어 방황합니다. 다른 몸을 받기위해 이곳저곳을 전전하며 후손의 몸 근처를 노닐다 어느 순간이 오면 다시 유전 형질을 빌려 이 땅에 태어납니다. 그리고는 과거의 생에서 맺힌 한을 풀기위해 비슷한 여정을 밟아가며 인생의 드라마를 꾸려 갑니다. 매 순간 선택의 결심을 이루어 또 하나의 스코어 카드를 기록하며 이번 생의 여정을 밟아 가는데, 이걸 인도에서는 아콰식 레코드라고 하였습니다. 매 순간의 선택을 결정짓는 마음의 기준표, 이상하게도 한 방향으로만 밟아가는 인생의 기록을 그렇게 불렀습니다.

처음 골프를 시작할 때만 하여도 이러한 철학적이고 심오한 인생과 골프의 세계를 잘 몰랐습니다. 단지 삶의 여정에서 기록해 나가는 내 인생과 골프의 타수는 언제나 불만과 아쉬움의 연속이었습니다. 한 라운드를 돌고나면 다음 라운드를 기대하며 진화된 내 실력을 상상하곤 했습니다. 진화를 위해 연습장과 필드를 번갈아 가며 몸과 마음의 영역을 하나로 합하기 위한 노력을 게을리 하지 않았습니다. 어느덧 싱글로 진입하고 언더파를 칠 때쯤 제 특기이자 취미인 수련의 세계가 함께 성장하는 묘미를 느꼈습니다.

인간의 내면세계인 의식의 영역을 탐구하기 위해 몸이라는 도구를 살펴 보기 시작했을 때, 내공이라 불리는 에너지의 영역이 외공이라 불리는 인체

운동역학과 하나임을 알았습니다. 결국 몸의 쓰임새는 내 생각이라 불리는 의식의 주인이 유도하는 대로 따라간다는 평범한 진리가 확신으로 다가왔습니다. 소위 말하는 신비체험, 종교적으로 말하자면 신앙 간증 형식의 여러 가지 체험이 있고 난 다음에 골프의 회전운동과 집중력의 내공이 이해되기 시작했습니다. 이해가 알음알이로 다가오고 확신으로 왔을 때 골프타수가 순간적으로 싱글로 진입하였습니다. 2 차 방정식의 곡선 형태로 천천히 실력이 올라가는 것이 아니라, 계단식으로 껑충 뛰어 진화하는 것이었습니다. 마치 물이 끓을 때 어느 순간에 기포가 생겨 부글부글 끓듯이....

저는 골프선수가 아닙니다. 더하여 자타가 인정하는 골프의 고수도 더더욱 아닙니다. 다만 동네 수준에서 노니는 친구들이 잘 친다 하여 붙여준 별명이 김도사올습니다. 그런데도 제가 골프 구라를 열심히 칠 수 있었던 것은 그 안에 내재된 철학이 제 전공인 수련과 수행의 철학과 똑 같기 때문이었습니다. 수련철학이 뭐 대단한 것이 아닙니다만, 인간을 이해하고 인생을 논하며 자연과 합일되는 내 인식의 전환을 말하는 것으로는 대단합니다. 거기서 한 단계만 더 올라가면 내 존재의 뿌리가 보이고 삶의 목적과 방법이 이해되며 죽음이 행복이라는 확신이 오기 때문이거든요. 최소한 저는 이런 내용을 경험해 보았기에 자신있게 구라를 칠 수 있었습니다.

구라가 뭔지는 압니다. 일본의 검다라는 단어, 구라이에서 유래되었다고 하지만 개념상으로는 있는 사실을 철학적 의미로 포장하여 전달해 주는 말이라는 뜻입니다. 없는 사실을 포장한 말은 거짓말, 또는 뻥이라고 하지요. 저는 최소한 있는 사실을 포장하였기에 구라라고 합니다. 골프의 구라는 철학적 사실들을 먼저 알고 기술적 완성을 높혀가는 제 진화론적 관점에서 쓴 말들입니다. 원리를 알고 기술을 습득하면 진화가 가속도가 붙더라는 경험칙은 인생과 골프가 완전히 하나라는 사실을 더 확신시켜 주었습니다. 골프장이 필드라는 영어로 불리는 것은 두가지 뜻이 함께함을 알았습니다. 모든 물질은 자기 자신의 몸을 필드라는 하나의 빛 발광체가 감싸고 있다라는 사실이 그 하나이고, 넓게 펼쳐진 들판이라는 사실이 그 둘입니다. 그런데 수련을 통해 바라본 보이지 않는 세계의 또다른 진실은 그 둘이 하나이면서 둘이라는 묘한 진리를 깨닫게 되었습니다. 즉 한단계만 더 차원을 달리해서 보면 모든 존재는 빛의 발광체 속에 사는 다른 드러냄의 모습만 있다는 사실입니다. 네명이 라운딩을 하면 타수 차이는 있을지언정 행하는 행위는 다 같고, 그 방법에 있어서 고유의 주체성이 내재되어 선택과 힘의 배분을 한다는 사실말입니다.

인간이 태어남도 자신의 선택으로 이 세상에 나왔다는 사실을 알았을 때는 제 자신이 하늘이라는 사실을 완전히 깨달았습니다. 우리네 젊은이들이 부모님에게 푸념하는 말 중에 가장 심한 말이 왜 나를 낳으셨나요입니다. 저쪽 세상을 모르니까 부모가 나를 낳았다고 하는 무지의 말인데, 자신을 움직이는 핵심이 생각이요, 이 생각의 하인이 몸이라는 단순구도를 모르기 때문입니다. 몸과 생각을 연결시켜주는 빛의 자기장이 기(氣)라는 일반용어로 불립니다만, 공간을 형성하는 기가 있는 반면에 빛의 원질을 뜻하는 기도 있습니다. 대기, 공기, 기압 하는 것은 외부의 기지만 기분, 오기, 용기 하는 것은 내 자신의 빛의 원질을 뜻하는 용어입니다. 이 원질, 선택의 무한성과 창조의 무한성을 가지는 이 원질의 상위 빛이야말로 내 자신의 본성입니다. 이 본성이 같은 주파수의 파동을 가지는 빛과 동조할 때 나는 탄생이라는 선택을 하게 됩니다. 동조가 무엇이냐구요? 쉽게 말하자면 남녀가 극한의 기분상태를 가질 때, 즉 기의 분산이 주변과 완전히 동화할 때를 동조라고 하지만 더 쉽게 말하면 오르가즘 상태를 말하는 것입니다. 교접 전 기의 분산을 뜻하는 전희가 오래 지속될 때 내 본성인 빛의 원질은 물질 육체속으로 들어가기 위한 준비를 하고, 극한

오르가즘상태가 되면 내 본성은 부모의 유전 형질 속으로 녹아 들어갑니다. 거기서 나라는 자기장이 형성되고 이 자기장이 힘을 가하여 세포분열을 합니다. 내 탄생의 근본이 이렇게 진행된다는 사실만 알면 세상살이의 모든 행위가 나를 중심으로 돌아간다는 평범한 진리가 확신으로 다가오게 됩니다.

이렇게 탄생한 나는 인생이라는 연극무대에서 나를 드러내기 위해 온갖 선택을 하며 살아갑니다. 음식과 의복은 물론이고 직업과 배우자, 가치관까지 선택하며 스스로의 길을 갑니다. 무엇을 선택하느냐? 펼쳐진 필드에서 드러난 수많은 현상 중에서 나한테 맞는, 아니 내가 원하는 하나를 선택하여 길을 만듭니다. 마치 골프장의 필드가 별별 요소를 다 가지고 있어도 내가 원하는 길은 오직 하나, 구멍을 향한다는 사실이듯이 말입니다. 이 역시 무덤, 즉 구멍으로 들어가는 죽음의 길을 향하는 내 인생과 하등 차이나는 것이 아니죠. 아무리 헤저드가 있고 벙커가 있어도 이걸 헤치지 않으면 무덤으로 향하지 못합니다. 인생이 아무리 힘들어도 결국은 죽음으로 향한다는 이 평범한 진리는 결국 무엇을 위해? 라는 원초적 질문과 부닥칩니다. 제 대답은 경험을 통한 기억의 재료쌓기라는 라는 것으로 화두를 던집니다. 아무리 고난의 행군 시절을 겪어도 죽음이라는 대 명제 위에서 그 사실을 바라보면 경험 쌓기 이외에는 아무것도 아니라는 결론이 나오거든요. 그 경험이 기초가 되어 다음 생에서는 더 나은 지혜의 경험이 기다립니다. 마치 골프에서 스코어 카드는 내 18홀 모든 경험의 기록이듯이.....

이 기록의 집합체가 내 영혼의 기질을 결정짓습니다. 이번 생에서의 기록이 한과 눈물로 점철되었다면 다음 생에서는 조금 발전합니다. 하나의 한이 사라지고 해원을 하면 더 이상 다음 경험이 필요가 없어집니다. 지금의 생에서는 지루하다고 느끼는 모든 행위가 이 경험을 통해 지혜를 얻었다고 판단하는 내면의 본성이 그렇게 느껴지도록 하는 것입니다. 스코어 카드에

이븐파를 기록하고 나면 내 골프에서 하나의 획을 그었다고 스스로 만족하는 본질, 이것이 다음 라운드에서는 언더파를 목표로 하는 또다른 경험칙을 원하게 되지요. 바로 이것이 신이 가진 속성, 즉 창조를 원하는 마음은 언제나 끝이 없고, 인간의 마음속에는 욕심이 한이 없다는 말로서 통용되기도 합니다. 결국 사람이나 신이나 그 속성은 창조의 경험을 통해 내 스스로를 진화시킨다는 하나의 명제만 남게 됩니다.

제가 수련을 통해서나 골프를 통해서나 체득하게 된 진리는 이것입니다. 내가 바로 하늘이다. 나는 무엇이든지 할 수 있고 어떤 것이든지 할 수 있는 창조성을 가진 실체, 그 자체가 나이다 라는 사실입니다. 무와 허, 공이 아무것도 아닌 것이 아니라, 그 무엇이든지 할 수 있는 가능성을 지닌 무, 그 어떤 현상도 창조할 수 있는 허, 비어 있어도 채움의 모든 것을 보유하고 있는 공, 이 모든 것이 나의 근본이고 본성이라는 사실입니다. 백돌이든 언더파든 어떤 스코어도 내가 원하면

가능하다는 사실은 내 스스로가 하늘이라는 사실
이외에는 아무것도 아닙니다. 가난하게 살건 부자로
살건 내 무의식의 하늘이 만든 스스로의 선택이라는
사실,
인생이 하늘의 드러냄이라는 진리를 알게 되었습니다.

부족한 글을 실어준 신동아 조성식 기자님께
감사드리고 편집을 위해 애써 준 애제자 김승현 양에게
고마움을 전합니다.

Jong up Kim, Ph.D.
Janauay 23, 2017

# Introduction to Jong Up Kim

Dr. Kim Jong Up was born in 1956 in Changwon, Gyeongsangnam-do, South Korea. He graduated from Masan High School and the Korea Military Academy and he was discharged as a colonel after 29 years of military service. He's been training with nature to reach enlightenment throughout his military service and after his military life. After experiencing the mysteries of the universe, the military uniform was changed into a training uniform, and he lives in the joy of spreading the Tao tradition to as many people as possible and maintaining a daily practice of the Tao. Playing golf began as a tool of training for the Tao and his handy is 5. However, golfing for the purpose of training for the Tao is recorded in as a pro. And golfing would be adored as a part of training and practice but not as a finite play of those who glorify life and golf. Currently, he is the representative of the group Do-na-nurie (Sharing Tao) and gives advice to anyone who wants to train with him. His books include Doran Doran Tao story, An Evolving Mind, and Freedom from

Cancer. This book is a compilation of nine months of his columns in the weekly Dong-A newspaper.

1956년 경남 창원에서 태어났다. 마산고와 육사를 거쳐 대령으로 예편하였으며 군 생활 내내 수련과 도닦음으로 자연과 함께 하였다. 득도의 신비체험을 한 후, 군복을 도복으로 갈아입고 오로지 수련의 일상화와 후학들에게 도를 전파하는 재미로 살고 있다. 골프는 수행의 도구로서 시작하였으며 핸디는 5 이다. 하지만 수행의 목적으로 치는 골프는 이븐으로 기록한다. 인생과 골프, 수련과 수행으로서의 골프를 예찬하며 있는 자들의 유한 놀이로서는 예찬하지 아니한다. 현재 도나누리라는 단체의 대표로 있으며 수행을 원하는 누구에게나 방편을 전수하고 있다. 저서로서는 도란도란 도 이야기, 진화하는 맘, 암으로부터 얻은 자유 등이 있으며 이 책은 주간동아에 9개월 동안 쓴 칼럼을 모아 내었다.

# Notes

이 책은 국내 기 박사 1 호인 김 종업 박사가 쓴 골프칼럼 모음집 2 이다.

This is the second part of the Korean collection of golf columns written by Kim Jong Up, Ph.D. Please be aware that the book contains slangs in Korean.

You can find information at www.donanuri.org

**Winter golf, the red ball in the snow field gives kills**
**겨울골프, 눈밭의 빨간공 죽여준다.**

2013.01.07 870 호

골퍼는 대부분 동절기에 휴식을 취한다. 여유가 있는 골프광들은 동남아로 떠나지만 노익장을 과시하는 사람들은 아예 채를 모셔두고 연습장이나 스크린 골프장에서 봄을 기다린다. 우리나라에서 골프를 치기 좋은 날짜는 5·16 부터 10·26 까지라던가. 하여간 그때가 호쾌한 스윙을 날리는 기간이라 하니, 정치적 오해는 없길 바란다.

'손자병법'에서는 명장을 이룰 때 네 가지 조건을 다 갖춰야 한다고 했다. 산전(山戰), 수전(水戰), 습전(濕戰), 공전(空戰)을 다 치러본 장수가 명장이라는 것이다.

1

산전수전이야 많이 들어본 소리일 테지만 습전과
공전은 낯설다. 습전이란 습지에서의 싸움을 가리킨다.
손자가 활약하던 시기에는 비만 오면 맨땅이 개흙(진흙)
구덩이가 돼버려 습전이라고 이름 붙였을 것이다.
공전은 넓은 땅에서의 기동전을 뜻한다. 공중전이 없던
옛날에는 개활지 전투를 뜻했지만, 요즘에는
공전이라는 말이 더 잘 어울린다. 이순신 장군도
보병으로 시작해 해상전투의 영웅이 되지 않았는가.

한마디로, 어떤 조건에서도 창의와 병법을 응용해
이겨본 장수가 명장이란 뜻인데, 지금 시대에 하나 더
추가한다면 동계전투에서 살아남은 자도 명장 반열에
오를 수 있을 것이다. 나폴레옹과 히틀러가 제국 건설에
실패한 이유가 러시아 동장군(冬將軍) 위세에
주저앉았기 때문이고, 6·25 전쟁에서는 미군이 겨울철
장진호 전투에서 그대로 녹고 말았다. 혹한기
인체적응지수가 낮았기 때문이다.

골프도 마찬가지다. 산전수전과 동계전이 있어야
제맛을 알 수 있다. 박세리 선수의 US 오픈 챔피언십
연못 샷은 물론, 비 오는 날에 하는 시합도 수전이다.
바람 많은 제주에서 서 있어도 흔들릴 정도의 강풍에서
하는 라운딩은 공중전이다. 여기에 더해 영하 15℃
날씨에서도 라운딩을 해야 제대로 된 골프 명장 소리를

2

들을 수 있다. 이 모든 악조건 속에서 천지자연과
함께하는 라운딩을 당신은 얼마나 해봤는가.

골프장 측에서 본다면 칭찬받을 만한 겨울 골프의
묘미를 풀어보자. 겨울 골프가 좋다는 이유로 초보자나
어르신은 함부로 나가서는 안 된다. 서너 번 뒤땅이라도
치면 손목과 발목을 다치기 십상이다. 여기서는 다만
명장 반열에 오르기 위한 고수들의 동계 골프를
가리키는 것이므로 참고하길.

일단 겨울 골프 단점으로 거론되는 것은 날씨다. 몸이
굳어 있어 스윙 시 잘못하면 뼈가 부러질 수 있고,
걷다가 미끄러져서 넘어지기도 한다. 손이 시린 고통과
마음먹은 대로 안 되는 공의 방향, 그리고 눈 속에
파묻혀 찾지 못하는 공 등 여러 난관이 도사린다.


산전수전 그리고 동계전 묘미

이런 겨울 골프의 단점만 생각하고 장점은 떠올리지
못하는 골퍼가 의외로 많다. 스코어에 신경만 쓰지
않는다면 겨울 골프의 매력은 적지 않다. 먼저 부킹이
쉽다. 아쉬운 것은 골프장 측이지 내장객이 아니다.
떵떵거리며 부킹할 수 있다는 점이 첫 번째 매력이다.

둘째, 공기 중에 산소가 가장 많은 계절이 겨울이라는 점이다. 추운 날씨에 기온만 생각하는 것이 아니라, 대기의 신선함을 느껴본 적이 있는가. 몸으로 들어오는 산소 양이 다른 계절보다 1.5 배는 많다. 과학적으로도 증명된 것이 북극해의 산소 이동이 가장 많은 계절이 겨울이다. 한 라운드가 끝나고 운동을 통해 몸으로 들어온 산소 양을 느껴본다면 여름과는 비교도 안 될 정도로 많다는 사실을 알 수 있다. 그 쾌적함을 한 번 맛보길 권한다.

셋째, 골프 동계훈련의 묘미를 터득할 수 있다. 언 땅에서의 샷은 정확도를 요구한다. 대충 공 뒤만 맞혀서는 원하는 방향과 거리를 낼 수 없다. 더불어 찍어 치는 횟수가 많아져 연습장에서보다 더 큰 정확도가 필요하다. 아이언 연습량은 다른 계절에 비할 바가 아니다. 여기에 더해 발이 미끄러지는 경우가 많아 하체 고정이라는 숙제를 해결할 수 있을 것이다. 어떻게든 신발 밑바닥을 털고 고정하려는 마음이 작용하는 것이다.

넷째, 어프로치를 할 때 굴려 치는 요령을 터득할 수 있다. 그린을 직접 노리는 것이 아니라 그린 근처까지만 보내는 거리 조절로 온 그린 기법을 배우게 되는 것이다.

골프 격언 가운데 아마추어에게는 필수적인 말씀, "굴릴 수 있으면 굴려라"가 고민 없이 터득된다. 30m 정도 되는 거리도 퍼트로 굴리면 굴러간다. 실수할 확률이 그만큼 줄어드는 것이다. 이를 겨울 실전을 통해 터득할 수 있다.

2012 년 12 월 19 일 대통령선거일에 투표한 뒤 라운딩에 나섰다. 날씨가 엄청 추워 하루 전 골프장에 전화해봤더니, 무조건 칠 수 있다고 했다. 부킹 전쟁도 없으니 오라는 것인데, 속으로 쾌재를 불렀다. 날씨를 탓하는 골퍼는 아직 한참 멀었다며 몇몇 친구에게 전화했더니, 흔쾌히 가자고 난리다. 너희가 진정한 고수로고….

골프장에 도착하니 눈과 얼음 천국이었다. 드라이버 거리가 평소보다 20~30m 는 더 나갔다. 까짓, 공을 잃어봤자 10 개 내외다. 그린 상태도 눈을 다 치우지 않아 언 상태라 거리 감각이 확 사라졌다. 공이 굴러가면서 눈사람을 만드는데도 마냥 즐거웠다. 모두 욕심이 사라진 무심 상태로 운동을 했다.

복불복. 재수가 좋으면 딱 올라붙고, 재수가 없으면 그린 주변에서도 오비(OB)다. 내기게임을 하면서도 욕심을 내면 양파다. 보기만 하겠다고 그린 주변에 갖다 붙이면

희한하게도 파로 마무리된다. 그날 여름 골프에서도 싱글을 좀처럼 못 하는 친구 2 명이 싱글을 했다. 무척 이상한 골프를 치는 우리 팀을 보고 캐디가 덕담을 건넸다.

"나 참, 겨울 골프에서 이런 실력을 보이는 분들을 처음 봤어요."

2011 년 겨울, 눈이 15cm 나 쌓였는데도 문을 연 골프장이 있었다. 군 체력단련장이라 이름 붙은 선봉대 골프장이었다. 경기 용인 군사령부 안에 있는 골프장으로, 연세 든 분이 여기 왔다가는 초죽음 상태로 돌아간다. 말 그대로 체력단련장이다. 나인 홀을 두 바퀴 도는 코스로, 특히 1 번 홀과 3 번 홀, 6 번 홀은 등산 홀이다. 건장한 30 대 장교도 헉헉거리며 올라가는 지옥코스다. 여기에 눈이 15cm 나 쌓였는데도 개장했단다. 전화로 "가능하느냐"고 물었더니 "칠 만하다"는 대답이 돌아왔다.


잔디 라운딩보다 더 흥미진진

집 안에 박혀 있으면 뭐하나 싶어 근처에 있는 친구들과 일단 가봤다. 아주 재미있게도 워낙 추우니까 내린 눈이

꽁꽁 얼어붙어 있었다. 공이 눈 속에 박히지 않고 굴러가는 것이었다. 어쩌다 눈 속으로 공이 들어가는 경우가 있었는데, 희한하게도 들어간 구멍이 보였다. 구멍 속으로 손을 집어넣어 공을 찾는 묘한 기분을 느껴봤는가. 아주 '쥑인다'. 그리고 얼음눈 위를 걸을 수밖에 없으니까 발이 눈 속에 파묻힐 일도 없었다. 이 골프장은 경사가 워낙 심하다 보니, 중간쯤 가면 공이 그냥 굴러 내려와 원래 쳤던 자리보다 더 밑으로 가 있는 경우도 허다했다.

그린은 더 가관이었다. 퍼팅으로 경사진 곳을 공략하면 무조건 굴러 내려왔다. 하여간 투 온에 식스 퍼트를 한 경우도 있었다. 반대로 내리막 코스에서 드라이버를 치면 원 온이 아니라 그린을 지나 오비가 나는 판이니, 진정한 겨울 골프의 진수를 음미할 수 있었다. 서너 홀 지나 골프장 특성과 그날 페어웨이 상태를 몸으로 감을 잡은 다음 나 나름대로 작전을 짜서 라운딩을 했다. 경사진 곳에서는 굴러 내려가지 않을 정도의 위치까지 아이언으로 티샷을 한다, 세컨드 샷은 눈 위에서 그냥 치는데, 찍어 치지 않고 무조건 쓸어 친다, 원래 거리보다 두 클럽 짧게 잡고 친다, 퍼팅은 지나가게 하되 굴러 내려오며 들어가도록 친다 등 아주 다양한 작전이 나왔다.

잔디 위에서 치는 것보다 훨씬 흥미진진했다. 더구나 설원에 펼쳐진 광활한 눈밭에 조용히 떠 있는 빨간 공. 빨간 점을 향해 걸어가며 음미하는 기마민족의 유전자 속 본성이 꿈틀거리는 흥분! 이런 골프는 그야말로 순도 100%짜리 고수만이 즐기는 유희이다. 추위가 문제가 아니라, 기상과 지형을 자신이 선택해 즐기는 골프는 진정한 자연과의 교감이고 하늘과의 대화다. 어찌 겨울 골프를 사랑하지 않을 수 있으랴.

날씨가 춥다고 동남아 원정 가시는 분, 겨울이면 골프채 손질해 묻어둔 분에게 들려주고 싶은 프로이드의 심리학 한 구절만 인용한다.

"인생이란 Fighting 이냐 Flying 이냐 두 가지 선택뿐이다. 도전과 도망 가운데 당신을 거룩하게 만드는 쪽은 도전이다."

**Winter golf practice, practice once more than listen a hundred times 동계 골프연습, 백번 듣는것 보다 한번 연습**

2013.01.14 871 호

나는 운동이 취미이자 특기여서 그런지 연습을 한 번 했다 하면 지독히 한다. 1 년 안에 싱글 진입이 목표였을 때는 그 목표를 달성하려고 중간 목표, 최종 목표 등을 세워 엄청나게 휘둘렀다. 손바닥에 굳은살이 박여 칼로 도려내는 게 저녁 일과 가운데 하나였던 기억이 난다. 운동이든 공부든 해보니까 왕도는 없더라는 게 내 지론이다. 어찌됐든 꾸준히, 지독하게 하는 것 외에 비법이 없다는 것이다. 하지만 욕심이 과해 크고 작은 부상에 여러 번 시달렸다. 왜 이럴까 고민하다 동계 연습을 할 때 깨닫고 터득한 바가 있어 소개한다.

동계 골프에 임하는 골퍼의 자세는 연습이다. 잘 치라는 그 어떤 말보다 연습 한 번이 낫다. 백청(百聽)이 불여일행(不如一行)인 것이다. 연습장에서 하든 스크린 골프장에서 하든 개인이 선택할 일이지만, 연습에도 자신만의 철학이 있어야 한다. 기본 가치관이 없이 마구잡이로 휘두르는 건 돌멩이를 갈아 바늘을 만드는 일과 같다. 그래서 새해를 맞아 골프 연습, 그중에서도 기본에 충실한 몸과 마음 자세를 한번 음미해보고자 운을 떼는 것이다.

처음 골프채를 잡았을 때의 초심으로 되돌아보자. 왜 하는가, 무엇을 하려 하는가, 어떻게 하려는가 등 자신을 어떻게 성장시킬 것인지에 대한 물음이 연습장에 가기 전 자신에게 던져야 할 첫 번째 질문이다. 만일 당신이 남들이 다 하니까 한다는 어울림의 미학에 중점을 두고 골프를 시작했다면 그만두는 편이 낫다. 남들이 모여서 골프 이야기를 할 때 끼어들 수 없어 서글픔을 느낀다면 이론 몇 가지만 배워 채팅에 동참하라. 그리고 골프 부작용에 대해 말할 수 있는 지식을 가다듬기만 하면 될 것이다. 그 부작용이 무엇인가. 1. 돈과 시간이 많이 든다. 2. 체형이 비틀어진다. 3. 혼을 빼앗아간다. 4. 비(非)골퍼에게 위화감을 준다. 5. 가정불화가 온다. 이 가운데 가장 고민해야 할 부분은 체형이

비틀어진다이다. 허리 돌림의 습관화로 고관절에
편차가 생기고 허리에 통증이 오는 경우가 많다. 연습을
잘못해 온몸으로 치지 못하고 어깨나 팔로만 치는
경우가 그렇다. 이에 대해서는 후반부에 자세히
설명하겠다.


차근차근 기본부터 확실히

만일 당신이 이 사회가 골프를 하지 않도록 버려두지
않아 시작했다면 동계 연습기간에 확실히 배워라. 골프
친구들이 하는 이야기를 도저히 알아들을 수 없어 마치
외국에 나온 듯한 기분이 들었다면 그 소외감을
이겨내야 한다. 그리고 완전히 외국어로만 된
골프용어를 한번 음미해보고 질문을 던져보라. 스윙,
라운딩, 퍼트, 라이, 그린, 페어웨이, 세컨드 샷, 투 온,
버디, 파, 이글, 홀인원… 왜 모든 용어가 영어로만 돼
있는가. 한국어로 된 용어는 한마디도 없는가. 아마
대답할 수 있는 친구가 몇 안 될 것이다. 딱 한마디 있다.
바로 '뒤땅!'이다.

처음 당구를 배울 때 가장 어려운 것이 일본어였다. 오시,
히키, 우라마와시, 겐세이…. 여기서 내가 친구들에게
던진 질문. 야, 한국어는 없냐? 친구가 딱 한마디로

대답했다. '떡!'

'우리는 민족중흥의 역사적 사명을 띠고 이 땅에 태어났다'로 시작하는 민족정신의 발로가 있다면 골프 용어부터 순화하고, 이어 그 안에 내재된 골프 정신을 우리 것으로 만들겠다는 거창한 정신으로 골프 연습에 임해야 할 것이다.

두 번째는 기본부터 확실히 배우자는 것이다. 현재 아무리 핸디가 싱글, 준싱글이라고 해도 기본이 안 돼 있으면 나이 들수록 요상하게 변형된다. 내공이 없으니 초식만 화려해지는 것이다. 김종필 타법이라고 들어봤는가. 그 위대한 정치가는 스윙이 아니라 뻣뻣한 다리로 전진하면서 채를 휘두른다. 오른발을 전방으로 내딛으며 쳐도 공은 똑바로 날아간다. 경험과 요령으로 치는 것을 초식만 화려하다고 표현한다.

프로에게서 배운다고 기본이 좋아지는 것은 절대 아니다. 아마추어는 아마계 고수에게서 요령을 배우는 편이 훨씬 낫다. 그 나름대로 노하우가 있어 맞춤형 레슨이 가능하기 때문이다. 아랫배가 나와 스윙이 잘 안 되는 사람에게 "왼팔 똑바로 펴고 시선을 고정해 허리를 돌려 체중을 이동하라"고 가르쳐보라. 이런 사람은 기본을 제대로 못 가르치는 것이다. 프로는 프로답게 가르치고 아마추어는 아마답게 가르쳐야 하는 법이다.

말이 난 김에 아마추어라는 말의 근원을 짚어보자. 아마추어는 영국 산업혁명 이후 스포츠를 즐기자는 모임에서 나온 말이다. 그것도 자본가나 귀족이 중심을 이뤄 눈으로 즐기는 것이 아닌, 내 몸으로 직접 즐기자는 차원에서 만든 모임이 곧 아마추어다. 직업으로 운동하는 사람이 프로이고, 즐기자고 만든 운동 모임이 아마추어인 것이다. 따라서 어설프게 못 치는 사람을 지칭하는 용어가 결코 아니다. 당신은 진정한 아마가 돼야 한다.

어떻게 연습해야 기본을 갖추는 것일까. 한마디만 한다면, 발목으로 치는 연습을 해야 한다. 시선 고정이나 하체 고정도 발목으로 고정하고, 회전도 발목으로 하라는 것이다. 잘 맞히는 연습보다 몸통 전체를 돌려 맞히기 하는 것이 오래가고 기본부터 다지는 길이다. 손목 코킹을 이렇게 하라, 저렇게 하라는 것은 초식 연습이다. 내공이 아니다. 어깨 회전을 이렇게 저렇게 하라는 것도 초식 연습이다. 내공이 아니다. 체중 이동을 이렇게 하고 오른팔을 저렇게 하라는 것은 다 초식이다. 내공을 이용해 축적하는 기본은 발목으로 운전하라는 것이다. 모든 내공은 아랫배, 단전에서 나온다. 발목을 잘 이용하면 아랫배 힘으로 회전하는 기본을 알 수 있고,

스윙 속도도 달라진다. 힘을 빼라고 주문할 필요도 없다. 그저 온몸으로 하기 위한 기본, 발목으로 쳐보라는 것이다.

왜 발목으로 쳐야 하는가. 한쪽으로만 회전운동을 하다 보면 고관절이 뒤틀린다. 고관절이 뒤틀리면 척추까지 뒤틀린다. 몸 구조가 삐뚤게 변형되는 것이다. 구력이 오래된 사람 가운데 허리가 안 좋고 좌골신경통이 있는 경우가 의외로 많다. 초창기 프로 중에서도 엄청나게 고생하는 분이 있다.

발목으로 쳐야 하는 이유

회전운동의 원리를 모른 채 무작정 많이 치면 연습이 되는 줄 알고 하루 1000 번씩 휘두르는 아마추어도 있는데, 이런 습관이 오래되면 척추 맨 아래에 있는 꼬리뼈가 살짝 내려앉는다. 이때부터 이상하게 왼쪽 허리가 아프고 시큰거린다. 물론 왼손잡이는 오른쪽 허리가 아프고 시큰거리지만. 골프 때문에 그런 줄 모르고 이 병원 저 침구사 찾아다닌다. 그런데 여기서 좀 더 심해지면 고관절과 왼쪽 종아리가 무지 아프다. 이것이 소위 말하는 좌골신경통이다.

만일 당신이 골프광인데 이런 증세가 있다면 회전운동이 잘못돼서 생긴 골프 통증이 아닌지 먼저 의심해보라. 이 경우 아무리 병원을 다녀도 낫지 않는다. 하체 고정하고 어깨 회전운동을 10 년 넘게 하다 보면 나타나게 되는 지극히 정상적인 육체 반응이다. 맷돌처럼 아랫돌을 고정하고 윗돌만 돌리는 경우가 골프 스윙인데, 허리 쪽 근육이 편중돼 뼈가 뒤틀린다는 사실을 알아야 한다. 따라서 이번 동계 연습기간에는 발목 회전운동에 중점을 두고 연습하길 바란다.

이런 증상으로 고생하는 사람들을 위해 치유법 하나를 소개하겠다. 척추가 뒤틀렸다고 척추만 교정해서는 완치가 어렵다. 반드시 고관절을 원래대로 돌려놓아야 한다. 왼쪽이 아프다면 왼발을 오른발 위에 올려놓는 가부좌 자세를 한 시간 이상 해보라. 처음에는 무지 아프다. 하지만 굳은 뼈를 바로잡는 데 어찌 아픔이 없겠는가 하는 의지로 매일 두어 시간씩 교정해보라. 고관절이 조금씩 돌아온다.

이어 그동안 회전하던 쪽의 반대 방향으로 허리를 회전하는 운동을 100 번 정도 해보길 권한다. 즉, 왼쪽 스윙으로 해보라는 얘기다. 이렇게 3 개월 정도만 하면 통증이 사라지고 척추가 제자리로 돌아온다. 무슨 활법이다, 척추 교정이다 해서 비싼 돈 들이지 말길 바란다. 참고로 이 방법을 제시하는 나는 기 박사이면서 운동사 자격증을 소지했고, 20 년 넘게 몸과 마음의 관계를 연구한 도사다. 믿고 따라한다고 손해볼 일은 없다.

동계 연습의 핵심. 골프는 삼각형의 빗변처럼 실력이 서서히 오르는 운동이 아니다. 계단식으로 어느 날 갑자기 훌쩍 실력이 느는 게 골프다. 그러니 기본을 다지기 위해 무소의 뿔처럼 묵묵히 발목으로 연습하라. 어느 날 대각한 선승처럼 한 단계 뛰어넘은 자신을 발견할 것이다.

**One-point lesson, relax always 원포인트 레슨, 힘빼**

2013.02.04 874호

절망에 빠진 어느 기업가가 자살을 마음먹었다. 퇴로가 막히고 출구는 보이지 않는 깜깜한 현실에서 선택할 수 있는 길은 단 하나, 바로 인생으로부터의 도피였다. 소주 한 병을 마시고 농약을 마시려는 찰나 택배가 왔다. 문을 열자 늙은 할아버지가 힘없이 겨우겨우 내뱉은 말이 "누구누구 맞지요"였다. 지공선사(지하철 공짜 할아버지)로 '알바'를 하는 노인장이었다. 택배를 받아들고 물었다. "할아버지, 그 연세에 어찌 이런 일을 하십니까?" 그러자 또다시 숨도 쉬기 어려울 것 같은 목소리로 내뱉은 할아버지 말이 그 기업가를 살렸다. "움직일 수 있는 몸, 그 자체가 행복이라오." 내 후배 이야기다. 힐링이니, 멘토니, 텔링이니 하는 고상한 단어 대신 진실과 순수함이 그를 살렸던 것이다.

아, 행복의 조건이란 건 없구나. 그저 숨 쉬는 몸만 있으면 행복인 것을. 자살 계획을 멈춘 후배는 몸 자체만을 사용하는 것에 만족하기로 하고 다시 일어섰다. 원 포인트 레슨을 받은 것이다. 지혜로운 노인네로부터. 단 한마디면 족하다. 나 자신이 그토록 갈구하는 것이 얻어지는 순간 떵 하고 머리를 때리는 원 포인트 레슨! 해주는 사람이나 받는 사람이나 조건이 맞을 때 이뤄진다. 받을 조건이 된 사람이란 강렬히 원하는 바가 있지만 혼자서는 벽을 깨기 어려운 경우다. 해줄 사람은 그 방면에 지혜가 터져 나름의 가치가 확고해졌을 때 말을 툭 던진다. 가히 한 뿌리에서 나온 다른 열매의 동반성장이다. 하나 됨의 원리를 아는 고수들만의 내공합일이다.

나는 골프채 잡은 지 1년 만에 싱글을 하겠다는 목표를 가졌고 이를 달성했다. 그러자 스스로에 대한 만족감과 자신감이 오만으로 넘어가 운동을 우습게 보는 맘이 생겼다. 나는 참 대견한 인물이로고! 이것이 건방으로 발전하는 데는 오랜 시간이 걸리지 않았다.

한 2년간 보기플레이로 왔다 갔다 하는데 짜증이 났다. 내 딴에는 완벽하다고 생각하는데도 필드에만 나가면 왕년

18

의 신중함과 집중력은 사라지고 보기를 했다. 변태 플레이! 넣지는 못하고 보기만 하는 쪼그라듦. 내기를 할 때도 후반 몇 홀 지나지 않아 지갑이 털렸다고 선언하면서 동참하지 못하는 비참함. 경편(다 잃은 사람에게 던져주는 위로금)을 받을 때 그 민망함.

## '지혜의 망치'로 단단한 벽 허물기

어떤 일에서든 건방을 떨면 반드시 대가를 치른다는 사실을 알면서도 마음속 깊은 곳에서는 인정하지 않았던 것이다. 역설적으로 오만과 건방이 나를 단련시켰다. 연습장에 나가서 죽도록 두들겨 패고, 이 자세 저 자세로 잘못을 잡으려 해도 도무지 감이 살아나지 않는다. 이 짓을 2년여 동안 했다고 생각해보라. 없는 용돈에 나가기만 하면 털리고, 다음 내기 돈을 마누라한테 어떻게 얻어 쓰나 하는 고민이 들면 참 비참하다. 동반하는 친구들 얼굴이 밉기도 엄청 밉다. 이 신발넘들, 언젠가 복수하리라 하면서도 매번 털리면 환장한다. 꼭대기까지 차오른 절실함으로 전전할 때 기회가 찾아왔다.

대학원 동기 가운데 여자 프로골프 선수가 있었다. 마침 라운딩 한번 하자는 제안이 왔다. 자신이 근무하는 골프장에서 내로라하는 두 분을 모시고 접대골프를 해야 하는데, 인원이 부족하니 대타로 끼워주겠다는 것이다. 비

19

용 걱정 없이 몸만 오라고 했다. 히야, 나보다 잘된 친구를 두는 것이 이리도 황홀한 일이구나.

라운딩을 시작하기 전 모든 자존심과 건방짐을 버리고 정중히 요청했다. "신 프로, 나 요즘 망가져 죽겠는데, 조언 한 가지만 부탁해." "당연히 그러마" 약속받고 라운딩을 시작했다. 여전히 철퍼덕거리고 왔다 갔다 하면서 전반 홀을 마쳤다. 야속하게도 전반 홀 내내 일체 레슨이 없었다. 아예 내가 있는지 없는지 무시하고 접대하는 두 분에게만 최선을 다하는 것이었다.

섭섭한 마음이야 이루 말할 수 없었지만, 내가 주빈이 아니니 대놓고 뭐라 할 수도 없어 그냥 전반 홀을 마쳤다. 무려 10개를 오버하자 초청받은 고위층 두 분이 웃으며 위로해줬다. "김 박사, 잘 치려고 하지 말고 그냥 즐겨 보지 그러쇼?" 아무리 대타라지만 플레이 분위기를 망치는 듯해 그것도 영 결례였다. 비굴한 웃음을 흘리며 속으로는 '후반전엔 잘해보겠심더' 하고 이를 뿌드득 갈았다. 후반 시작 전 신 프로가 슬쩍 다가와 한마디를 툭 던졌다. "무슨 놈의 스윙자세가 나무토막이에요? 골프는 어깨에 힘주고 뻣뻣하게 하는 것이 아닙니다. 어깨를 항아리같이 둥글게 말아서 회전하세요. 무슨 조폭도 아니고...."

이 한마디가 그동안의 고생을 다 날려버렸다. 내가 모르는 건방짐의 원인이 드러났던 것이다. 아무리 찾으려 해도 숨어 있던 고질병이 프로 눈에는 단박에 보였던 것이다. 아하, 이거였구나! 고수 눈에는 하수가 보인다더니. 얼른 연습스윙을 해보고 한 번만 봐달라고 했다. "어깨는 가슴으로 모으고 양팔은 쭉 뻗어 밑으로 누르세요. 팔과 채가 ㄴ자가 돼도 좋아요."

후반 홀 첫 번째 드라이버부터 어깨를 오므리고 스윙하자 정말이지 '거만'하고 '방만'했다. 거리가 만만치 않았고 방향이 만만치 않았던 것이다. 희열에 들떠 세컨드샷 아이언도 같은 요령으로 실습했다. 투 온. 원 퍼트. 아주 잘 맞고 제대로 된 골프가 펼쳐졌다. 후반전 성적은 오버 1개. 동반한 고위층 두 분이 칭찬을 해댔다.

저녁 식사자리에서 프로에게 고마움 반, 투정 반으로 질문했다. "아니, 처음에 버벅거릴 때 코치 좀 해주지, 전반 끝난 다음에 한마디 해준 건 뭐요?" 그랬더니 "간절함이 보이지 않았어요. 목마르지 않은 사람에게 물을 왜 줍니까" 했다. 순간, 띠잉 하는 깨달음이 온몸으로 전해졌다. 이러한 가르침을 말로는 여러 번 들었지만 몸으로 다가온 느낌은 처음이었다. 절절이 고마움을 되새기면서 마음에 새기니, 로 핸디를 지속적으로 유지할 수 있었다. 그 여자 프로골프 선수는 신은영으로, 레이크힐스 용인 컨트리클럽과 레이크힐스 안성GC 총지배인으로 근무하고 있다.

21

## 가르침과 베풂의 중요성

가르침과 베풂에도 격이 있다. 가르침의 권위는 박사학위다. 박사학위를 영어로 쓰면 Doctor of Philosophy(Ph.D.)다. 그냥 단어만 외운 사람은 '철학 의사'라고 이해할 것이다. 여기서 닥터란 뜻의 라틴어 어원은 'Docere'로, 자유로운 사람이란 뜻이다. 배우고 가르치는 데 자유로워 걸림이 없는 사람의 자격, 바로 박사다. 박사보다 더 격이 있는 사람은 '밥사'다. 밥을 잘 사주는 사람이다. 이는 베풂의 격이다. 베풂의 하격은 재물 보시, 중격은 몸 보시, 상격은 법 보시다.

밥사보다 더 높은 사람은 봉사다. 앞 못 보는 사람이 아니라 헌신하는 사람을 가리킨다. 재물 보시도 격이 있지만 몸 보시가 더 격이 있다는 소리다. 봉사보다 더 높은 사람, 최고위급 자유를 가진 사람은 감사다. 사람 뒤를 캐는 감사가 아니라, 마음으로부터 우러나오는 고마움을 표현하는 사람이다. 이는 재물 보시, 몸 보시 위에 자리한 법 보시다. 감사할 줄 알고 고마워할 줄 아는 사람이 최고 자유를 가진 자격이다. 자기 자신에게 감사하는 것이 먼저고, 존재하는 모든 것에 감사할 줄 아는 사람이 완전한 인격체다. 이런 사람을 홍익인간이라고 부른다. 홍익인간이 돼가는 길이 바로 도다.

도를 알려고 이치를 배우지만 이치를 알면 도리가 생긴

다. 도리를 알게 해주는 조건, 바로 원 포인트 레슨이다. 그 어떤 학위 논문이나 스승의 말도 절실함과 간절함이 없는 사람에게는 마이동풍이다. 원 포인트 레슨으로 아마추어로선 어느 정도 경지에 오른 이후 나는 박사학위를 내세우지 않았다. 오로지 홍익인간으로서의 자격증인 봉사와 감사를 실천하는 데 심혈을 기울일 따름이다.

나이 들수록 몸가짐을 조심하라는 격언 가운데 '원하지 않으면 충고하지 말라'는 것이 있다. '입은 닫고 지갑은 열어라'는 격언도 있다. 이는 '과거 경험만 되뇌면 늙어간다'는 증거의 말로도 사용된다. 어떤 분야에서든 30여 년은 해야 도사 소리를 듣는다. 10년 정도는 '좀 안다'고, 20년 정도는 전문가라 불러도 괜찮다.

도사급이 되면 원 포인트 레슨의 진리를 안다. 모든 삶의 분야에서 그렇거늘, 하물며 인생 전부에서는 오죽하랴. 60여 년을 살았는데도 지혜가 없고 원 포인트를 짚어줄 줄 모른다면 인생 헛산 것이다. 청하지 않았는데도 사설만 줄줄이 늘어놓는 노인네가 되기 싫다면 원 포인트 레슨에서 배울 일이다.

**Kondo era, women's golf and Korean golf** 곤도의
시대, 여성 골프와 한류골프

인류가 탄생한 이래
문화는 수렵목축, 농경, 산업, 정보화 시대를 거칩니다.

이제 영성과 깨우침의 시대,
인간 존엄의 시대에 진입하여

그 선봉에 여성이 있음을 느끼게 됩니다.
이것이 한류로 번질 날이 얼마 안 남았음을 자각하며.....
'초강력 女風'은 지금부터 시작
여성시대

요즘 필드에 나가 보면 여성이 아주 많다. 주말 골퍼들이야 드문드문 여성을 접하겠지만 나 같은 불백(불러주는 백수)은 평일에 필드를 자주 찾는 편이라, 거의 여성으로 찬 필드를 보면 30여 년 전 예상했던 일을 확인하는 것 같아 내심 흐뭇하다. 무당파 같은 소리가 아니라, 1980년대 초 처음 도(道)를 접했을 때 내 사부가 예언했던 일이라 더 실감난다.

드디어 이 땅에 곤도(坤道) 시대가 열리는 것이다. 태극기 4괘인 건곤감리(乾坤坎離) 할 때 그 '곤' 말이다. 하늘을 건이라 하고 땅을 곤이라 함에 남자를 건, 여자를 곤이라 한다. 하기야 음운학적 법칙으로 볼 때 '하늘=아들' '땅=딸'이라 하지 않는가. 땅에서 노는 딸이 많아지면 덕이 펼쳐지는 세상이 되리라는 예언은 언제 들어도 기분 좋은 소리다. 도덕이란 말이 천도지덕(天道地德)의 준말이니, 드디어 이 땅에 땅의 덕이 세워지리란 예언이 현실로 다가오는 것이다.

우리나라 여성들이 어떻게 해서 세계 최고 골퍼가 됐는지를 다른 각도, 즉 도 이치로 한번 풀어보자. 우주 나이를 들어본 일이 있는지? 45억 년 전 지구가 탄생했다는 물리학의 빅뱅이론에 따른 소리가 아니라, 은하 1년이 12만 9600년임을 말하는 것이다. 이는 은하계 끝에 붙은 태양계가 은하를 한 바퀴 도는 데 걸리는 시간이다. 이 숫자는

26

내가 계산한 것이 아니고 중국의 유명한 도학자 소옹(시호 강절)이란 친구가 '황극경세서'란 책을 쓰면서 구라친 것인데, 신기하게도 물리학 법칙과 딱 들어맞는다.

은하 1년을 반으로 나누면 봄과 여름이 6만5000년, 가을과 겨울이 6만5000년이다. 봄여름을 선천(先天)이라 하고 가을겨울을 후천(後天)이라 한다. 후천개벽 어쩌고 하는 소리는 많이 들어봤을 터인데, 개벽이 아니라 우주 사계절이 바뀌는 것이다. 우리 민족 종교라는 것 가운데 유난히 후천개벽을 강조하는 종단이 많다. 그들이 뭘 알아서 그런 것이 아니라, 선각자의 '말씀'이란 것을 교리로 믿고 그렇게 따를 뿐이다. 아무튼 후천은 결실의 시대를 말한다. 봄여름에 싹 틔우고 가을 추수기를 맞는 것처럼, 인류의 결실 시대가 도래한 것이다. 그 결실 시초가 곤도, 즉 여성성이 지배하는 사회로 진입했음을 말하는데, 상당히 기대해도 좋다는 점을 감히 말씀드린다. 다양한 변화가 있고 추수도 하게 될 것이다.

## 딸이 장악, 예언 아닌 현실

제법 알려진 민족 종교 가운데 증산도가 있다. 일제강점기 전북에서 태어난 강증산 선생을 상제로 모시고 그의 가르침을 전파하는 교단으로, 대단히 민족적이다. 도를 공부하는 사람치고 그의 '말씀'을 공부하지 않은 자가 드물 정도로 우리 민족의 우수성을 강조한 분이다. 우리 같은 구도자는 지리산 도맥의 정토회 정도로 존경하는데, 하도 도술을 많이 부려서 당시 사람들은 하느님이 이 땅에 왕림했다고 믿었단다. 그래서 생겨난 종단이 지금도 민족을 개화하느라 분주하다. 원불교나 대순진리회 등도 그분 제자들이 창건한 것이다.

하여간 강증산 선생도 후천개벽을 유독 강조했는데, 그 시초가 여성성이 지배하는 사회임을 누누이 강조했다. 자신의 가르침을 실증하느라 후계자도 부인으로 임명했다. 2대 계승자인 태모 고수부가 한 말이 하도 재미있어 웃었던 기억이 난다. 좀 뭣한 표현이 있지만 구어체 그대로 기술해야 제 맛이 난다. 음미해보길.

"야 이놈의 남자 새끼들아. 보지를 우습게 보지 말고 보지를 구박하지 마라. 너희들이 이 구멍을 통해 태어나지 아니한 놈이 어디 있느냐. 어미를 몰라보고 보지를 모르니 도가 떨어지고 삶이 궁핍해지는 것이다. 보지가 무엇이냐. 보석 같은 땅이다. 너희들이 보석에서 나왔음에 자신이

28

보석인 줄 모르고 험하게 사는 것이다. 앞으로는 보지를 숭상하라. 그러면 너희들 삶도 보석같이 펼쳐지리라."

직설적으로 여성성이 후천개벽임을 전하는 말씀이 아니겠는가. 증산도를 전도하려고 이 말을 하는 것이 아니다. 곤도 시대를 말하려 함이다.

하여간 우주 나이가 그렇다면 우주에서 하루는 지구에서 360년이나 된다. 우주에서 한 시간은 30년이다. 24시간 체계가 아닌 12시간 체계로 그렇다는 것이다. 우리가 아는 한 세대라는 것은 우주에서 한 시간인 30년을 뜻하며, 이걸 두 바퀴 돌면 환갑이다. 네 바퀴 돌면 인생이 거의 끝나는, 인간의 자연 수명이라고도 한다.

왜 네 바퀴인가. 계절이 사계절이고 공간이 사방이다. 골프장 홀 기준이 파4인 것도 그 때문이다. 즉 네 번 순환하면 일생이 끝나듯이 골프장도 네 번 만에 집어넣는 묘미, 탄생과 죽음의 철학을 땅에 적용한 인생 축소판인 것이다.

하여간 한 세대가 30년인데, 양력으로 치면 후천 갑자년인 1984년이 시작이다. 혹시 베이비부머는 기억할지도 모르겠다. 그때부터 월급이 봉투가 아닌 은행계좌로 이체됐음을. 남성이 돈에 대한 지배력을 잃고 집안 마눌님한테로 넘어간 시기다. 안시현, 김주미 등이 이때 태어난 쥐띠

여자 골프선수다. 최나연이 1987년생이니, 하여간 이 시기 이후 별 같은 여자선수들이 태어나 대한민국 여성의 우수성을 만천하에 과시했다. 박세리가 1998년 섹시한 발목을 드러내며 US여자오픈에서 우승을 차지해 1980년대 출생한 여성들에게 기운을 불어넣었으니, 바로 후천개벽의 씨앗을 뿌린 여제인 셈이다. 골프뿐 아니라 인류의 영적 성장을 도모하는 씨앗들이 1980년대 많이 태어났는데, 지금은 숨어 있지만 이들이 30세 이후 모습을 드러내면 지구의 인간 의식이 비약적으로 성숙할 것이다. 감히 말한다.

## 내년부터 후천개벽 실감할 것

1984년부터 30년이 지난 시기가 2014년이다. 은하 나이 두 시간째다. 이미 후천 씨앗은 뿌려졌다. 박근혜 후보가 대통령에 당선되면서 여성성의 후덕함과 가을 추살(秋殺) 기운이 땅을 박차고 나와 서서히 잎을 드러내고 있다. 웬만한 도인은 선거 전 이미 여성 대통령이 탄생하리라는 기운을 감지했다. 혹 선거운동 하다 욕먹을까 봐 이 글도 지금에야 쓴다. 금년(2013)이 아닌 내년이 되면 후천개벽을 온몸으로 실감할 것이다. 골프선수뿐 아니라 많은 우리나라 여성이 세계를 돌아다니며 엄청난 발자국을 남길 것이다. 2044년까지 활짝 필 것임을 우주 기운으로 예언함이다.

2014년에 나이 30이 되는 여성, 귀하게 봐두길. 무언가 사고 칠 것 같다. 여기에 더해 박근혜 당선인의 개혁 기운도 내년이 되면 무섭게 휘몰아칠 것으로 보인다. 그동안 남성성이 지배해온 한국 정치 후진성을 여성성으로 바꾸게 될 것인즉, 지금의 정치인이야 아픔으로 느끼겠지만 국민은 환호할 것이다. 가을 추살 기운은 중생(불교 용어가 아닌 짐승의 옛말)을 후려치고 선함을 드러내는 힘으로 작용할 것이다.

국수주의자가 아닌 예측적인 측면에서 봐도 우리나라 여성의 뛰어남은 길게 설명할 필요가 없다. 어느 나라든 건국신화가 있는데, 우리나라 건국신화는 단군신화다. 하지만 이 땅을 만든 사람은 '마고할미'다. 역사서에 나와 있는 기록이다. 박제상의 '부도지'에 '한민족의 세상을 창조한 신'이라고 기록돼 있다.

마고할미는 바로 창조의 어미다. 이 할머니는 딸 8명을 낳아 팔도에 보내 민속을 다스리게 했다. 인간의 오감을 만든 것도 이 할머니요, 숟가락을 만든 것도 이 할머니다. 우리 모두의 어머니인 마고할미는 옷 짜는 법을 가르쳤고 밥하는 법도 가르쳤다. 아이 낳는 법과 키우는 법, 이 땅에서 음식을 구분하고 만드는 법을 전수했으며, 생존의 필수비법들을 딸들을 통해 온 세상에 전파했다. 그 유전자가 고스란히 남아 있는 족속이 바로 이 땅에 사는 여성들

이다. 물레에서 실을 자아 옷을 짓는 그 신기의 손으로 골
프채를 잡았으니 감히 누가 대적하랴. 손끝으로 음식 간
을 보는 감각의 고수가 퍼팅하니 그 누가 따라올 수 있으
랴.

곤도 시대에 남성은 어떻게 살아남을 것인가. 아들을
어떻게 가르쳐야 하는가. 아쉽지만 동물의 왕국에 나오는
수컷의 치장이 대세일 것이다. 꿩이나 닭 같은 새는
수컷이 훨씬 화려하고 덩치도 크다. 그와 같이 아름다운
수컷이 곤도 시대 남성의 모습일 것이다. 다 여성에게
선택받기 위해서다. 곤도 시대 남성이 자신의 유전자를
퍼뜨리려면 열심히 치장하고 볼 일이다.

## Hallyu Golf, Chinese side 한류골프, 중국편

2013.02.25 876호

### 필드에 한국형 캐디 서비스 수출
### 한류 골프① '중국 캐디 마스터'편

'주간동아' 875호에서 여성시대가 다가왔음을 말했다. 왜 하필 지금인지, 이 시대인지 궁금해 하는 분이 많을 것이다. 그러나 형이상학적 논의는 아직 이르다. 다만 다가오는 시대의 징후로 살펴보는 사실관계는 흥미로울 것이다. 지구촌을 선도하는 우리 민족, 천손(天孫)족으로서의 한민족이 이 세상에서 어떤 구실을 하는지 알아보는 것이 더 재미있기 때문이다. 그래서 한류 골프를 통해 징후를 예측해보기로 한다.

2008년 중국에 갈 일이 있었다. 골프 때문이 아니라, 내 특기인 수련문화를 중국에서 알고 일합(一合)을 겨뤄보자는 요청이 와서 관광 겸 간 것이다. 중국에서는 수련하는 사람을 국가가 관리하고 자격증도 준다. 그런데 이 자격 요건이 아주 재미있다. 4급부터 특급까지 부여하는데, 1급 기공사는 최소한 호풍환우(呼風喚雨·바람을 부르고 비를 부른다는 뜻의 초능력)를 할 줄 알아야 한다. 조선족 기공사 한 분은 영적 에너지가 특히 발달해 귀신을 부르고 천도를 잘한다고 해서 랴오닝성 특급 기공사 자격을 갖고 있다. 우리 문화에서는 무당 또는 고상하게 엑소시스터라고 하는데, 중국에서는 아예 자격증까지 부여하는 점이 재미있었다.

하여간 이 분이 추천해 한 중국 기업가가 놀러오라고 해서 별 생각 없이 갔다가 시험에 들게 됐다. 조선족인 중국 기업가는 베이징에 있는 백작원 골프장 사장이었는데, 당시 골프장을 건설 중이라면서 나에게 회사에 소속된 1급 기공사 3명과 일합을 겨루게 한 것이다.

베이징은 예부터 물이 귀하기로 소문난 곳이다. 평야지대에 수도를 건설하다 보니 지하수도 귀하고 강물도 귀하다. 주변에 골프장은 엄청 많지만 시내 근처에 고급 골프장이 없어 돈 많은 부호나 고관대작은 원정 가서 골프를 한다. 외국 귀빈이 오면 근처 일반 골프장에 가서 대충 접대하고 술 문화로 마무리하곤 한다.

## 이전과는 차원이 다른 라운딩

이 점을 노리고 조선족 기업가가 건설한 고급 골프장이 백작원 골프장이다. 하여간 그다음 날 골프장에 가보기로 하고 저녁에 기공사 두 명, 사장과 함께 식사했다. 재미있는 것이 중국 기공사는 특이공능이라 부르는 초능력이 없으면 급수를 받지 못한다. 기공사 두 명 중 한 명은 지상술이라 부르는 땅속 기운을 감지하는 사람이고, 다른 한 명은 소리로 술잔을 깨뜨리고 상대를 혼미하게 만드는 초능력을 가진 사람이었다.

내가 술을 못하니까 자기들끼리 술잔을 돌리고 분위기를 잡았다. 어느 정도 분위기가 무르익자 초능력 시합이 벌어졌다. 소위 말하는 시험이 시작된 것이다. 먼저 중국 기공사 두 명이 각자 재주를 뽐냈는데, 오차(식사 때 나오는 물)를 한약 냄새 나게 만들고 소리로 와인잔을 깨뜨리는

35

등 두세 가지 초능력을 보여줬다.

그러고는 한국 기공사 능력을 보여 달라고 조르기에, 이
게 무슨 원숭이 장난인가 싶어 처음에는 거절했다. 하지
만 조선족 기업가가 조용히 귓속말로 하는 얘기를 듣고
나도 한 가지 재주를 보여주기로 했다. 내일 골프장에 가
서 지상술 시합을 할 예정인데, 저녁에 뭔가를 보여주지
못하면 사기꾼으로 전락한다는 것이었다. 간단한 능력을
보여주기로 하고 물었다. "지상술 시합이 뭡니까?" 대답
인즉, 물이 귀한 베이징 골프장에서 땅속 어디를 파야 물
이 나오는지 알아맞히는 것이라고 했다. 이런 닝기리…
결국 이 목적이었구먼.

그래도 베이징에 온 김에 기공으로 한류를 전파해보자는
욕심도 생기고 해서 시합에 응했다. 쿠바산 시가를 한국
산 인진쑥으로 바꾸기, 술을 물로 바꾸기 등 서너 가지 보
여주자 환호하며 서로 친구 하자고 난리다. 펑이요(朋友)
펑이요. 무척 단순한 마음 운용법이지만 좌도방에 익숙한
그들이 좋아한 것은 당연하다.

다음 날 9홀만 작업이 끝난 골프장에 갔다. 나머지 9홀은
물이 없어 작업 대기 중이었다. 중국 기공사와 함께 둘러
보다가 구멍 하나를 발견했다. 기감(氣感)으로 분명히 물
이 있는 자리라고 느꼈기에 왜 파다가 그만뒀느냐고 물
었다. 물이 안 나온단다. "5m 정도만 더 파보지 그래요, 분

명히 나옵니다." 동행한 부사장이 그 말을 듣고 내일 파보
겠다고 하고는 이왕 온 김에 저쪽 가서 9홀만이라도 라운
딩을 하고 가란다. 기분 좋게 답하고 부사장, 기공사, 나
셋이서 채를 빌려 라운딩을 했다.

생각보다 재미있는 라운딩이었다. 캐디가 각각 한 명씩
붙어 도왔는데, 기존 베이징 골프장 캐디와는 차원이 다
른 캐디였다. 아니, 정확히 말해 한국형 캐디였다. 중국 캐
디를 경험해본 사람은 알겠지만, 누가 도우미고 경기자인
지 모르게 시끄럽다. 대충 채 가져다주고 자기들끼리 떠
들면서 놀고, 하여간 불성실하기 짝이 없다. 중국에서는
캐디를 골프채 운반자 정도로 생각해야지 한국에서 하는
식을 기대했다가는 짜증이 난다.

그래서 이날도 당연히 그러리라 생각하고 갔는데, 우리식
으로 서비스를 했다. 동행한 부사장에게 "아니, 캐디가 꼭
한국식으로 도움을 줍니다?" 했더니 웃으며 대답했다.
"한국에 가서 가장 우수한 캐디 마스터를 스카우트해왔
어요. 3개월째 한국식으로 교육 중인데, 조금이라도 이상
하면 꼭 말씀해주세요. 선생님을 초청한 진짜 이유가 여
기 있습니다." 아하! 이거 진짜 연구해볼 만한 놀음이로구
나.

라운딩 후 한국에서 특별 초빙해온 캐디 마스터와 대화
할 시간을 가졌다. 모 그룹이 운영하는 경기 포천 한 골프

장에서 근무했다는데, 중국 캐디 교육에 특별한 방법이 필요치 않았다고 한다. 백 내리는 것부터 시작해 손님 특성 파악, 거리별 채 건네기, 초보자와 고급자 상대하기, 언어교육과 서비스 정신 등 한국에서 하는 그대로 주입하면 된다는 것이다. 재미있는 점은 이곳 부사장이 캐디 교육을 위해 유럽과 미국 등지를 다녀보고 한국 골프장 몇 군데를 돌아본 후 한국 캐디 마스터를 초빙하기로 결정했다는 사실이다. 다른 국가 캐디와 한국 캐디가 뭐가 다른지 묻자 간단하게 답해줬다. 한국 캐디는 성질을 낼 줄 모른다는 것이다. 캐디에게 가장 짜증나는 대상은 초보자다. 캐디는 늘 감정 동요 없이 서비스를 해야 하는데, 한국에서는 모든 캐디가 감정을 다스리면서 근무한다는 사실을 알고 주저 없이 결정했다고 했다.

## 감정 노동자도 머리가 좋아야

초빙한 한국 캐디 마스터가 교육하는 내용을 지켜봤는데, 특히 한국 여성 두뇌가 아주 뛰어나다는 점을 인정하지 않을 수 없었다고 한다. 그래서 골프장 캐디를 선발할 때 머리 좋은 사람을 먼저 뽑고 그다음 미모를 본다고 했다. 즉 감정 노동자도 머리가 둔하면 쓸모없다는 점을 자국 캐디에게 유독 강조한다는 것이다.

어쨌든 그날 같이 라운딩을 해보니 중국 캐디들이 한국

에 대해 경외심을 가진 것이 느껴졌다. 엄밀히 말하면 한국 여성에 대한 경외심이었다. 평가해달라는 부탁에 흔쾌히 답해줬다. "이만하면 세계 어디에 내놔도 손색없소이다." 물론 그다음 날 땅속을 5m 더 파자마자 물이 콸콸 쏟아진 것을 보고는 내 말에 대한 신뢰가 더 깊어졌음은 물론이다.

우리나라 여성의 우수성을 말할 수 있는 게 어디 이것뿐이랴. 한류라고 이름 붙은 여러 현상 가운데 저급한 섹슈얼 문화에서부터 고급스러운 감정노동까지, 그리고 프랑스 장관에 임명된 플뢰르 펠르랭을 보더라도 어디에 내놔도 대단한 인물들임은 두말할 필요가 없다. 지금까지 한국 여성은 엄마로서 뛰어난 능력을 발휘해 세계 최고 교육열을 만들어냈다. 하지만 다음 세대는 양육에서 벗어나 자신이 직접 재능을 발휘하는 데 주저함이 없을 것이다. 두 박씨가 이미 이러한 세상을 알리는 데 앞장섰다. 박세리와 박근혜. 둘 다 미혼에 혹독한 시련과 어둠의 세월을 보냈지만, 이 땅의 딸들에게 하면 된다는 자신감을 심어줬다. 박세리는 '세리 키즈'라는 용어를 만들 정도로 선구자 노릇을 했다. 박근혜는 어떤 여성 지도자상을 보여줄지 자못 기대된다. 앞으로 한류가 지구촌을 들썩이게 할 것이다. 국내 경쟁이 치열하면 할수록 해외로 나가는 일이 더 많아질 테니까.

**19 holes, Korean hospitality culture 19 홀, 한국식
접대문화**

**2013.03.04 877호**

## 밤엔 19홀…한국식 접대문화가 뭐기에
## 한류 골프② '동남아' 편

작년에 필리핀에 갔을 때다. 세부라는 남쪽 섬인데, 공항
이 자리한 섬 동쪽엔 골프장도 대여섯 개 있어 많은 한국
인 골퍼가 이용한다. 반면 섬 서쪽에 자리한 하나뿐인 골
프장에는 손님은 뜸하다. 섬을 넘어오는 데 시간이 많이
걸려 한국인도 별로 애용하지 않는다. 다만 이 골프장을
운영하는 사장이 한국인이라 홍보 차원에서 몇몇을 불러
휴양지로 소문내고 있었다. 직접 가서 골프장을 보니, 한
국 골프 문화에 익숙한 사람에게는 호응도가 영 별로였

다. 좁은 페어웨이, 메마른 잔디, 풀이 우거진 그린 등이 골프장이라기보다 자연 그대로 노니는 땅이라고 하는 게 더 적합했다.

하지만 정작 놀란 것은 열악한 골프장 시설이 아니라, 우리나라 사람이 운영하는 이곳 골프장의 골프 문화가 필리핀 현지인들에게 엄청난 충격을 안겨 한국 하면 경이로운 나라, 지구상에 하느님들이 사는 곳 정도로 인식되고 있다는 사실이었다.

마침 사장이 고향 후배라 아무 준비 없이 도착해 바로 라운드를 했다. 동남아 골프의 매력은 개인에게 붙는 캐디 한 명이 모든 서비스를 다 해주기에 말은 잘 통하지 않더라도 기분이 좋다는 점이다. 늙은지 젊은지 구분되지 않는 캐디가 어설픈 한국말로 똑바로, 왼쪽 오비, 오른쪽 퐁당 등을 가르쳐주고 골프장을 설명해주면서 따라다닌다. 버디라도 한 번 하면 아주 미쳐서 폴짝폴짝 뛰며 좋아한다. 용돈을 1달러씩 더 벌기 때문이다.

이미 한국 골프 문화에 깊이 매료된 캐디가 스코어 카드를 적는데, 1번 홀과 마지막 홀은 전부 파로 기록했다. "왜?"라는 한국말도 알아듣는데, 대답인즉 코리안 룰이란다. 시키지 않아도 코리안 룰이라는 단어를 쓰고, 우리네 골프 습관 그대로 알아서 척척 하는 데는 더 할 말이 없었다. 라운딩을 마치고 사장으로부터 골프장 인수와 운영, 지역

시장이나 경찰과 함께 사업을 정착해나가는 이야기 등을 들으니 한류 골프가 왜 동남아에서 위력을 떨치는지 이해가 됐다.

## 동남아는 한류 세계화 현장

동남아는 인류문화가 계절에 따라 어떻게 변하는지를 온 몸으로 알게 해주는 곳이다. 열대지방 사람은 대체로 체구가 작고 왜소하다. 반대로 추운 지방 사람은 장대하다. 이유는 햇빛을 받는 몸 넓이가 다르기 때문이다. 사람 몸이라는 것이 신기하게도 필요한 만큼의 햇빛만 받아들이기에 환경에 따라 몸 크기가 달라지는 것이다.

생각이나 가치관도 그들만의 환경에 적응해 힘든 노동을 하지 않아도 식량이 먹을 만큼 있으면 게을러진다. 북쪽 지방 사람이 용감하고 생존 투쟁에 적극적인 이유도 먹을거리가 부족하기 때문이다. 필리핀 사람이 작고 왜소하면서 게으른 것은 환경에 적응한 인간의 문화 형태를 잘 보여주는 것이기 때문에 구태여 우리식 잣대로 그들을 평가할 일은 아니다. 다만 근래 한국 문화가 그들에게 경이로움으로 다가오는 이유는 비슷한 체격과 성격에도 고급스럽게 비치기 때문이다. 돈 쓸 줄 알지, 다독거릴 줄 알지, 호쾌하지, 캐디도 배려할 만큼 신사답지... 이런 점들이 그들로 하여금 한류에 빠지게 한 것이다.

필리핀에서 골프장 사업을 할 때 가장 애먹인 사람이 공무원이었다고 한다. 작은 인허가나 인부 채용에도 조건을 걸면서 뒷돈을 요구하는 문화 때문에 힘들었지만, 한국에서 사업할 때 공무원을 상대하는 정도로만 해도 엄청난 호의를 받았다고 했다. 우리 공무원은 뒷돈을 받을 때도 아닌 척하고, 적당한 접대와 더불어 다치지 않는다는 확실한 보장까지 있으면 적극 도와주지만, 법과 규정을 지키면서 정상적인 방법으로 접근하면 까다롭게 군다. 쉽게 말해, 공무원 자리가 위태롭지 않을 정도의 적당한 뒷거래가 결합됐을 때 사업하기 쉬워지는 것이다.

필리핀에서도 이 방법이 확실히 통용됐다고 한다. 단, 이쪽 사람들은 직설적으로 거래를 요구해와 한국보다 쉬웠다고. 예를 들어, 골프장을 운영할 때 캐디와 경비는 현지인으로 30여 명을 확실하게 채용하라, 그들 보수는 얼마를 넘지 못한다, 하지만 이 조건으로 허가를 내줄 테니 시장에게는 얼마, 자기에게는 얼마를 달라고 요구하는 식이었다.

사장은 흔쾌히 동의하고 그들이 요구하는 금액보다 2배 더 많이 뇌물을 줬다고 한다. 이때부터 모든 사업이 물 흐르듯 진행됐는데, 정말이지 한국에서 하는 사업보다 몇 배 더 쉽고 일하는 재미도 있었다는 것이다. 사장이 가는 곳마다 권총 찬 경비가 경호해주지, 경찰 차량으로 호위해주지, 술집에서도 아가씨들이 황제 대하듯 하는 것이 보통 재미가 아니라는 것이다. 그러면서 결론으로 이야기하는 것이 확실한 한류 세계화였다.

"형, 내가 한국에서 아무리 돈을 쓰고 공무원을 상전으로 대해도 여기만큼 인정을 못 받아요. 역설적으로 우리나라에서 그만큼 단련됐기 때문에 쉽게 풀어나갈 수 있었죠. 결국 한류라는 것은 우리 문화 세계화인데, 우리식 접대 문화의 한류는 정말이지 세계 초일류급이에요."

두 번째로 언급하는 한류는 동남아 골프의 섹스 문화다. 겨울에 동남아로 떠나는 남편을 마누리가 달가워하지 않는 이유는 바로 정석대로 하기 때문이다. 무엇이 정석인지는 사족을 붙이지 않아도 다 알 것이므로 생략한다. 다만 한국인이 현지 여성에게 한국 밤 문화와 침대 문화를 전파시킨 점은 한 번쯤 짚고 넘어가야 할 문제다.

기본이 150달러다. 우리 돈으로 16만 원쯤 된다. 팁으로 주는 돈까지 합치면 200달러다. 이 돈을 매일 저녁 쓴다고 생각해보자. 그리고 돈은 논외로 쳐도 섹스골프가 과연 한류 대명사로 통해도 되는 것인가.

필자는 매년 두어 번씩 태국, 필리핀, 베트남, 말레이시아 등지에 가는데 어김없이 등장하는 문제가 밤 골프다. 19 홀 문화는 해방감에서, 또 '모든 인류는 같은 조상이므로 애국하는 지름길은 한국 유전자의 세계 전파'라는 거룩한 논리로 접근하는 것을 많이 봐왔다.

문제는 그 나라 남성이 생각하는 한국인의 19홀 문화다. 때론 경멸 대상이 되기도 한다. 세부 골프장에서 라운드를 하다 보면 울타리 바깥쪽에서 남자들이 삶은 달걀을 파는데, 하루 종일 삶은 달걀 한두 개 파는 정도지만 끈질기게 붙어 앉아 우리를 바라본다.

한 번은 지나가는 말로 "그냥 들어 가시죠" 했더니, 이 녀석 우리말을 다 알아듣고 툭 던진다. "여자 필요하지 않으십니까"라고. 그것도 새끼손가락을 쫙 펴면서 말이다. 아하! 이놈이 삶은 달걀을 파는 게 아니라 여자를 파는구나. 호기심이 생겨 또 물었다. "얼마요?" 거침없이 나오는 답변이 "100달러!"다. 싸다 싶어 동반자에게 물었더니 같이 라운딩하는 지역 운영부장이 답해줬다. "형, 그놈 마누라예요. 이놈들이 지 마누라 하룻밤 빌려주고 100달러 벌어요." 충격이었다. 어째 이런 일이....

## 좀 더 고상한 문화는 없을까

아무리 문화 차이라지만, 그리고 일거리가 없어 남자들이 놀고먹는 곳이라지만 이렇게까지 해서라도 생존을 택할까 싶은 의구심이 들었다. "저놈 마누라 빌리는 한국인이 있어요?"라고 물었더니 의외로 많다고 한다. "햐, 취미 한 번 독특하네"라는 필자 말에 돌아온 대답도 걸작이다.

"한국 오입쟁이 속설 들어보셨어요? 일도(一盗), 이수(二修), 삼랑(三娘), 사기(四妓), 오첩(五妾), 육처(六妻)라고. 첫 번째가 남의 여자 도둑질해 먹기, 두 번째가 비구니나 무당, 세 번째가 숫처녀, 네 번째가 프로 기생, 다섯 번째가 꼬불쳐둔 애인, 마지막이 마누라라는 뜻이에요. 여기서는 일도가 좋아서 하는 놈도 많아요."

아하! 그러니까 내 마누라라도 남한테 가면 첫 번째라는 말이구나. 윤회 법칙도 여기서 설명되네.

어쨌든 한류는 여러 방면에서 유통된다. 뇌물, 성 접대, 침대 문화까지. 그래도 한 번쯤 고민하고 볼 일. 과연 먹고 자고 싸는 것만 제일일까. 좀 더 고상한 우리 것은 없을까. 아니, 있는데도 전파하려는 의지와 노력이 부족한 것은 아닐까. 단지 문화 측면에서 말이다.

**Health golf, body and mind management 건강골프, 몸과 마음의 운용**

제대로 된 골프는 심신 일체 운동으로 최상급입니다.

잘못된 습관은 뼈를 뒤틀리게 만들어 평생 고질병을 얻어 삽니다.

마음의 건강을 위한 놀이로서의 게임, 골프를 알고 즐길 때 120세 수명 보장입니다.

가끔 함께 라운딩을 즐기는 친구들로부터 건강과 골프의 상관관계에 대한 질문을 받는다. 인간을 연구하는 기 철학자라 하고, 한의학 용어를 자주 쓰다 보니 전문가의 풍

모가 느껴지나 보다. 골프가 건강에 도움이 되는 운동인
지, 아니면 그냥 즐기는 놀이인지 답을 달라는 것이다. 고
로 내 흔쾌히 이 지면을 통해 답해 주리라. 지면관계상 이
번 호에서는 건강과 운동의 기본 개념만 설명하고, 어째
서 골프가 건강에 도움이 되는 운동인지는 다음 호에서
자세히 설명 드리지.

먼저 건강이란 게 무엇인지 개념을 정립할 필요가 있다.
보통 사람이 가장 크게 착각하는 게 건강과 체력의 개념
이다. 건강은 내공이고 체력은 외공이다. 무협지 수준의
장풍 이야기가 아니라, 사람의 몸과 마음의 관계를 알아
야 한다는 의미다. 강건한 듯 보였는데 어느 날 갑자기 심
근경색이나 뇌졸중으로 한순간 쓰러지는 사람을 자주 본
다. 이는 내공이 허해서 일어난 현상이다. 내부 장기가 부
실해 피 흐름을 막고 생각이 굳어져 피가 끈적끈적하게
변해 그냥 가는 것이다. 근육과 골격, 피부가 하나의 틀이
고 정력과 기력, 신력이 또 다른 틀이다. 이 6가지가 합해
져 인간 틀이 완성되므로 건강과 운동의 기본은 이 틀을
이해해야 논할 수 있다.

근육과 골격, 피부는 이해하지만 정력과 기력, 신력은 처
음 듣는 사람이 많을 것이다. 이것은 내공을 분석할 때 쓰
는 용어다. 도를 논하는 사람이면 상식으로 아는 분야이

기도 하다.

정(精)이란 음식과 호흡으로 이뤄진 육체의 내부 힘을 일컫는다. 건강을 논할 때 일반인은 음식 하나만 놓고도 이렇다 저렇다 말이 많다. 현미, 채식, 좋은 물 등 나름대로 이론을 갖춰 실례를 들어가며 열변을 토한다. 이런 음식이 몸에 좋다더라, 저런 음식이 정력에    기똥차다더라, 누구는 구지뽕나무, 누구는 누에, 누구는 상황버섯과 영지버섯 등 별 볼일 없는 것들로 구라치는 족속을 참 많이 봤다.

내 엄숙하게 이르노니, 하나를 갖고 열을 논하는 일반화의 오류를 범하지 마라. 코끼리 발톱 하나를 가지고 코끼리라고 우기지 마라. 어떤 음식이든 호흡과 죽이 맞아야 그 음식이 가지는 내부 에너지가 영양으로 바뀐다. 그래서 정력(精力)에서 '정'은 쌀 미(米) 자와 푸를 청(靑·하늘의 기운 또는 호흡) 자를 쓰는 것이다. 이렇듯 긴 호흡과 좋은 음식이 합해져야 정력의 기본이 이뤄진다. 그런데

이 2가지는 기력을 뒷받침하는 생각 에너지의 능력을 모르면 말짱 헛것이다.

무엇이 기(氣)인가. 좁은 의미로는 생각 에너지의 파동을 말한다. 넓은 의미로는 존재하는 우주 전체를 일컫지만 건강 측면, 몸의 한계성을 말하는 것으로는 내 생각의 상태를 설명하는 용어다. '오기, 분기, 기분, 용기' 등에 '기' 자가 들어간 것을 보면 알 수 있다.

기분 나쁠 때 밥맛이 나던가. 화가 날 때 호흡이 편안하고 고르던가. 기 상태에 따라 음식과 호흡을 취할지, 버릴지 몸 스스로 반응한다. 아무리 좋은 음식이나 깊은 호흡도 내 감정이 뒤틀리면 별 볼일 없다. 그래서 스트레스를 만병의 근원이라고 하며, 내상을 입는 근본이 스트레스라고 하는 것이다. 좀 유식하게 스트레스를 풀이하자면, 물질 육체가 가진 고유한 진동수를 저질스럽게 다운시키는 진동수를 말한다. 그래서 분노, 짜증, 걱정, 불안 등의 감정 상태는 육체의 진동수가 저급하게 낮아져 질병 상태로 바뀌는 것이다. 반대로 희망, 즐거움, 웃음 등의 감정 상태는 육체 진동수가 높아져 건강 상태의 진동으로 호전하는 것이다. 이것이 바로 기력(氣力)이다. 기력이 뒷받침된 상태에서 음식과 호흡이 조화를 이룰 때 건강하다고 말한다. 마음을 잘 써야 건강하다는 것은 상식 아닌가.

그럼 신(神)은 무엇인가. 기력이 일어나는 백지 상태의 그 무엇이다. 모든 존재가 가진 진동수의 고요함, 극한의 경지에서 바라보는 절대 무(無)를 일컬음이다. 있음과 없음을 포함한 모든 것이다. 두뇌 가운데 인당혈의 극미점에 존재하는 하늘과 하나 됨의 백지상태를 일컬음이다. 또한 내 존재의 그림을 그리는 근본 허(虛)의 기운이다. 모든 인간이 가진 성령, 빛의 원질 상태를 설명하는 용어다. 단순한 무당이나 초능력자가 가진 요상한 에너지가 아닌, 모든 인간이 가진 창조의 영역이자 파괴의 근본 기운이며 유지를 담당하는 존재 자체다. 단어로 설명하기에는 어려우므로 이 정도만 이해하시길....

이 3가지, 정·기·신 영역을 가지고 운동을 논해야 이해가 된다. 운동이란 근육, 골격, 피부(근골피)를 가진 몸을 사용하는 것이다. 그냥 움직이는 몸은 의미가 없다. 최소한 운동으로 몸을 쓴다고 할 때는 근골피의 진동수를 높여 정·기·신의 진동수가 따라오도록 해야 한다. 몸 상태가 저진동이라는 것은 차가운 기운이 몸을 지배해 냉기가 서려 있음을 뜻한다. 이를 고진동으로 올리려면 땀을 내고 호흡을 깊게 하며 감정 상태도 고조시켜야 한다.

그렇다고 땀을 내고 호흡만 길게 한다고 해서 운동은 아니다. 반드시 기분 좋은 상태가 돼야 한다. 근골피만 사용해 일찍 죽는 직업 운동선수가 얼마나 많은가. 최동원과 장효조의 예만 봐도 알 수 있다. 기분을 끌어올리지 못하는 운동은 독이다. 활성산소니 뭐니 하는 진단은 물질적

시각이고, 근본은 기력이 뒷받침하는 감정 상태로 끌어올림, 이것이 운동의 참 목적이자 건강 비결이다. 스포츠의 어원이 '슬픈 정신 상태 극복'이란 사실을 아는지.

옛날 고대 유럽지역에서 일어난 전쟁에서 태어난 것이 오늘날의 올림픽이다. 육상은 맨손전투와 칼싸움 시대의 모습이고, 성에 박힌 적군을 상대하려고 창, 원반, 포환 던지기 같은 경기를 만들었다. 조정이나 요트 등은 해상전투가 그 기원이며, 축구나 럭비는 근세 식민지 쟁탈전의 땅 따먹기에서 비롯됐다. 국가 간 경쟁을 네트가 있는 운동으로 바꾼 것이 테니스요, 배구요, 배드민턴이다. 하여간 전쟁 한가운데에서 죽은 동료의 유품을 들고 뛰는 것이 라틴어 포르타레(portare), 즉 물건 운반자란 뜻이고, 여기에 접두사 디스(Dis)가 붙어 슬픈 정신 상태를 없앤다는 뜻이 됐다. 이것이 스포츠라는 이름으로 만들어졌고 경쟁이 됐다. 오늘날에는 직업화돼 운동 노예, 즉 금메달만을 목표로 사는 이가 많아졌는데, 정·기·신 영역에서 본다면 허무한 일이다. 안타깝고 애달프다. 엘리트 스포츠란 것이….

이런 관점에서 골프를 보자. 규칙이 있나. 그렇다. 심판이 있나. 아니다. 땀이 나는가. 아니다. 호흡이 길게 되나. 아니다. 슬픈 정신이 극복되는가. 개인에 따라 다르다. 기분 좋은가. 그렇다.

그럼, 골프는 스포츠인가. 그렇다고 한다. 그렇다, 아니다가 아니라 그렇다는 것이다. 바둑도 스포츠라고 하는데 골프가 아닐 이유가 없다. 그럼 골프가 건강에 도움이 되는가. 당연히 그렇다. 정·기·신 영역에서는 무척이나 그렇다. 근골피 관점에서는 그게 무슨 운동이냐고 할 수 있지만, 매우 뛰어난 운동이다. 운동의 최종 목적은 정신 상태 고조다. 골프는 정신 상태를 끌어올리는 데 최고 좋은 운동이다. 개인에 따라 다르지만, 스스로 참여자이자 심판자로서 자신만의 플레이를 하며 기분 좋은 상태로 끌어올릴 줄 아는 능력, 이것이 전제되면 지상 최고의 운동이다. 다만 성질 더러운 자가 있어 스포츠 관점에서만 보고 반드시 이겨야 직성이 풀린다면, 골프는 스포츠에 불과하다. 안 맞는다고 채 팽개치고, 안 들어갔다고 'C8'을 외치는 자가 있다면 골프장에 나가지 마라. 동반자로도 데려가지 마라. 내 기분까지 망치는 자는 돈 내고 독을 마시는 기분이 들게 할 테니까...

**Why do you take your terrible mate to 18 companions, why?** 기분 망치는 18 동반자, 왜 데려갑니까

2012.10.29 860 호

## 라운딩 후 부부관계 2배 좋아져

30여 년 전, 골프가 대중화하기 이전에 노년과 골프의 관계를 모르던 시절이 있었다. 정년이 된 공무원 중에는 갑자기 퇴직해 스트레스가 쌓여 요절하는 경우도 많았다. 그래서 연금액이 부도나지 않았고 균형을 유지할 수 있었다. 필자가 속한 집단인 군인도 예외가 아니었다. 70세 전에 사망하는 경우가 많다 보니 연금수령자가 얼마 안 돼 국고 걱정이 별로 없었다.

54

그런데 골프가 대중화하고 군 골프장이 많이 생기면서 수명, 특히 건강수명이 늘어나 연금수령자가 기하급수적으로 늘기 시작했다. 이래저래 걱정인 것은 나라살림이지만, 개인 처지에서 보면 골프가 건강수명을 연장시킨 것이 분명하다. 연구결과는 없어도 느낌으로 안다. 골프가 어째서 건강에 좋은지는. 단, 건강골프와 사업골프, 돈놀이 골프는 구분해야 한다. '건강을 위해 골프를 친다'는 분명한 목적이 있는 사람만 이 글을 읽으시길.

골프가 왜 건강에 좋은가. 운동 종류를 두 가지로만 나누면 고강도 운동과 저강도 운동이 있다. 보통 운동이라 하면 고강도 운동으로, 짧은 시간에 땀을 많이 내어 몸을 가다듬는 것을 말한다. 달리기나 웨이트트레이닝, 자전거, 등산 등을 통해 몸 안에 비축된 탄수화물을 태워 열을 내는 것이다. 반면, 저강도 운동은 몸을 움직이되 느릿하게 오래 움직이는 운동을 말한다. 이는 지방을 태워 몸 균형을 유지하는 운동으로, 오래하는 것이 비결이다. 등산의 경우, 고강도로 하는 것보다 느리게 오래하는 저강도 방법이 더 효과적인데, 지방을 태워 몸의 균형 상태를 잡아주기 때문이다. 걷는 것도 선비걸음으로 느릿하게 오래 걸으면 저강도 운동이고, 자전거 타기도 힘들이지 않고 천천히 오래 타면 저강도 운동이다. 땀이 나는지 안 나는 지 모를 정도로 지속적으로 하는 운동, 즉 저강도 운동이 건강 비결이다. 고강도 운동은 근골피(筋骨皮)를 가다듬 음이요, 저강도 운동은 정기신(精氣神)을 가다듬는 운동 이기 때문이다.

몸을 움직이는 데 있어 한 가지 알려지지 않은 상식을 일 러두고자 한다. 우리 눈에 비친 몸이 허공을 점유하는 게 아니라, 허공이 나를 이룬다는 사실이다. 극미세의 눈으 로 세포 안을 들여다보면 허공이 내 세포의 근원인 것이 다. 세포가 60조 개 있다지만 그 세포를 결합하는 힘은 어 디에 있는가. 허공의 인력이 내 몸을 조합해 각각의 기능 을 유지토록 에너지 분배와 용도를 조절하는 것이다. 그 힘은 누구에게 있는가. 바로 내 생각, 내 의식이 이를 조절 하고 유지하며 파괴한다. 즉, 모든 운동의 근원은 목적과 방향에 맞게 내가 조절하는 것이다. 그리고 허공을 이루 는 근원적인 힘이 바로 그 원천이다.

그래서 운동의 일차적 목적은 목적성과 방향성이다. 움직 임의 목적은 두 가지다. 먹이가 있는 곳으로 가라, 그리고 짝이 있는 곳으로 움직여라가 그것이다. 하지만 생존으로 서의 운동성은 삶의 최종 목적인 영적 각성, 즉 깨달음으 로 완성을 지향하라는 가치를 찾아 움직이는 것이다. 이

가치, 왜 사는지 무엇을 위해 사는지, 어떻게 사는 것이 좋은지를 찾는 것이 운동의 근본을 아는 것이다.

답은 운동의 근원적인 목적, 내가 가진 원초적인 힘의 조절력을 확인하는 것이다. 이를 위해서 생각 에너지의 외부 표현을 몸으로 드러낸다는 사실을 알아야 한다. 여기에 삶의 신비가 다 있다. 생각 조절! 바로 운동으로 건강을 찾아가는 최고의 방법론인 것이다. 몸을 격렬하게 움직이면 다른 생각이 들어오지 못한다. 오로지 몸 쓰임새 하나에만 집중하기 때문에 잡념들이 태워지는 것이다. 생각의 집중으로 만든 것이 몸이기 때문에.

격렬하지 않고 천천히 하는 운동은 잡념이 들어오지 않는가. 안 들어온다. 아니, 들어오기도 전에 몸은 이미 생각 조절력의 방향으로 진행해간다. 천천히 10km를 걷겠다고 작정하고 움직이는 순간 몸은 느림의 아름다움으로 바뀌어간다. 지방을 태울 준비를 하는 것이다. 그리고 생각은 이미 몸 조절력을 발동한다. 그래서 선인들은 이를 행선, 걸어 다니는 참선이라고까지 표현했다. 득도 수단의 하나로 저강도 운동의 효용성을 받아들인 것이다.

단순히 걷기를 행선이라고 할 수 있는가. 옛날 골프가 없을 때는 산에서 걷는 것을 최선이라고 했지만, 골프가 있는 오늘날에는 무념무상의 저강도 운동이 골프다. 10km를 넘게 걷는 걸음, 목적이 분명한 방향, 매 홀마다 휘두르는 허리운동이 연습스윙까지 포함해 10번은 넘는다. 라운 딩이 끝날 때까지 회전운동이 200번을 넘는 것이다. 힘의 논리와 집중의 논리가 적절히 배합되고 여기에 정신의 이 완까지 결합됐으니, 가히 신선이 되는 건강의 백미운동이 다. 걷는 것 외에 허리 운동이 왜 건강에 좋은가.

인체를 보통 삼등분해 상초, 중초, 하초라고 이름 붙인다. 두뇌가 상초고, 몸통이 중초며, 골반 이하부터가 하초다. 상초는 모든 정보를 받아들이고, 중초는 이를 몸 전체로 순환시키며, 하초는 내뱉는 구실을 한다. 중초의 핵심은 심장이며, 하초의 핵심은 골반이다.

질병의 90%는 중초의 가슴 막힘증, 즉 화병이나 우울증이 다. 중초의 심장은 스트레스를 직접 받는 곳이어서 불기 운을 막히게 해 머리로만 솟구치게 한다. 화난다, 열 받는 다는 것이 가슴 답답증과 일치하는 것이다. 숨이 막히고 한숨을 자주 쉬는 사람은 대부분 화병에 걸렸다고 볼 수 있다. 하초가 막히면 변비가 생기고, 배와 손발이 차갑다. 가슴 막힘과 하초 막힘을 모두 푸는 방법은 회전운동이 다.

운동의 세 가지 몸 쓰임은 밀고 당기고 돌리는 것이다. 그 것이 전부다. 이는 인체 구조와 기능적 특성이 우주의 힘 과 조화를 이루기 때문인데, 평소 돌리는 운동을 잘하지 못하는 사람이 질병에 노출되기도 쉽다. 상하운동과 내뱉는 운동 위주로 살아가기 때문이다. 그래서 허리를 돌리는 운동, 이것이 건강의 비결이요, 골프가 진정한 운동이 되는 논리로 연결되는 것이다. 가슴을 돌리면 화병이 풀린다. 공을 때리면 인간의 근본적 본성, 파괴 본능을 충족할 수 있다. 허리를 돌리면 정력이 왕성해진다.

이 세 가지, 밀고 당기고 돌리는 힘의 확인점이 허리다. 인체를 연결하는 맥, 바로 대맥이라 일컫는 허리둘레를 활성화해주면 온몸은 신비롭게도 조화를 이룬다. 허리힘으로 불리는 그곳, 내공의 근원적인 저축 지점, 신선들이 대환단이라고 불렀던 그곳에 힘을 비축하면 모든 건강이 활성화된다. 바로 단전이라고 부르는 그곳은 허리 움직임과 회전운동, 그리고 골반 강화로 이뤄진다.

보통 사람은 하루 중 허리운동을 몇 분간 하기도 힘들지만, 골프는 한 라운드에 200번 정도 허리 회전운동을 한다. 골프를 마친 다음 허리 주변의 에너지를 느끼는 초감각 집중운동을 해보면 그 힘이 확실히 느껴진다.

좀 뭣한 말이지만, 라운딩 후 부부관계를 해보라. 평소보다 2배의 힘이 확실히 느껴질 것이다. 한의학적으로 풀이하자면, 정력의 근원이 되는 신장 에너지가 배가되기 때문이다. 방광경 혈자리가 열려 대주천(大周天·에너지가 머리끝부터 발바닥까지 흐름)이 열린 상태가 된 것이다. 더해 열심히 걸은 결과 발바닥 중앙지점인 용천혈이 자극받아 인체 순환 건강의 최적상태가 되는 것이다. 옛날 새신랑이 신부와 합방하기 전 친구들이 발바닥을 때리는 풍습 또한 용천혈을 자극해 정력을 키우는 방법이었음을 아는지.

걸어보라. 자연과 함께하며 대지를 숨 쉬면 내 세포가 그에 맞게 적응한다. 돌려보라. 인체가 존재하는 힘의 근원점을 알아 힘 있게 움직일 것이다. 집중하라. 생각 에너지의 무한한 힘을 느낌으로 알 것이다. 때려보라. 내재된 공격성이 분출하는 쾌감으로 화병이 사라질 것이다. 건강은 이를 조화롭게 할 때 유지된다. 골프라는 신의 놀이를 통해!

## Golf and minor injuries, it's cracked by swinging and hitting 골프와 잔부상, 휘둘러 패니 금이 가지

**2013.01.21 872호**

겨울 골프의 재미에 대해 말하다 보니 반드시 짚고 넘어가야 할 부상 이야기가 빠졌다. 아니, 너무 늦었다. 장점만 강조하고 즐기는 얘기만 하다 보니 이면에 숨은 몸의 기형적 변형에 대해 논하는 것이 늦어버렸다는 뜻이다. '주간동아' 871호에서 고관절과 엉치뼈 비틀림 현상에 대해 살짝 언급했는데, 의외로 자세히 알려달라는 이메일이 여러 통 도착했다. 그래서 골프의 부작용, 신체 비틀림과 오장육부 뒤틀림에 대해 논하고자 하는 바 너무 집착하지 말고 있는 그대로, 상식으로 읽어주길 부탁드린다.

61

함께 라운딩을 자주 하는 친구 가운데 허리부상으로 꽤 오래 고생하는 친구가 있다. 이 친구는 지금도 끙끙거리며 사는데, 골프가 원인인 줄 모르고 병원과 한의원, 활법교정원 등을 다니느라 고생이다. 언젠가 그의 스윙 모습을 보고 "너, 나중에 엉치뼈나 허리 때문에 고생하겠다"고 말해줬음에도 습관이 된 스윙 폼을 고치지 못했다.

그가 스윙하는 걸 보면, 하체고정이라는 교과서에 매달려 왼발로 버티는 데 중점을 둔다. 그러다 보니 백스윙 시 언제나 왼쪽 엉덩이가 살짝 들려 왼발에 힘을 주게 된다. 하루 라운드를 하면 200번 정도 스윙하니, 자연히 고관절이 비틀리는 것이다. 왼쪽 고관절이 살짝 위로 올라가면 오른쪽 고관절은 당연히 밑으로 처진다. 이럴 경우 고관절 위 기둥인 척추뼈가 균형을 잃고 측만으로 뒤틀린다. 그럼 당연히 신경이 눌리고, 엉치뼈 밑으로 연결되는 신경이 한 가닥이라도 기능을 못하니 왼쪽 종아리가 아플 수밖에. 허리 아프지, 엉치뼈 고통스럽지, 종아리 힘은 빠지지…. 영 살맛이 안 난다. 좌골신경통의 근원은 고관절 비틀림이다. 습관처럼 굳어진 잘못된 스윙 자세가 이런 현상을 불러오는 것이다.

왼팔 테니스엘보로 심하게 고생하는 선배도 있다. 30여 년 동안 골프를 친 분인데, 건장한 체격에 뼈도 강골이라 자기는 평생 동안 절대 골병은 안 들 줄 알았다고 한다. 늙어서 그냥 테니스엘보가 생긴 줄로만 알았지 골프가 원인이라고는 생각지도 못했다. 그래서 왼쪽 팔꿈치 부분에 통증이 심해 1년 넘게 병원에 다니면서도 줄기차게 골프를 했다. 스윙하는 모습을 꼼꼼히 지켜봤더니, 몸통으로 스윙하는 것이 아니라, 백스윙 시 왼팔을 살짝 구부리고 다운스윙 시 힘차게 내려찍는데, 오른팔로 힘을 주는 것이 아니라 왼쪽 손목과 팔꿈치를 펴는 힘으로 다운스윙했다. 그럼 당연히 팔꿈치 인대가 충격을 받는다.

## 힘 빼는 것이 잔부상 예방법

70세가 다 된 연세에도 워낙 강골이라 그렇지 보통 사람이라면 벌써 왼팔 테니스엘보로 고생했을 것이다. 하여간 오른손으로 골프를 즐기라고 말해주고 힘차게 찍는 스윙은 당분간 하지 말라고 조언했다. 이런 분이 어디 한둘이랴. 근육을 편중되게 사용하면 문제가 생길 수밖에 없다.

왼손잡이 친구는 오른쪽 무릎 인대가 늘어나 고생한다. 스윙 시 축으로 삼는 무릎 연골은 자주 충격을 받는다. 타이거 우즈가 왼쪽 무릎 연골 때문에 수술과 재활을 자주 하는 것도 축으로 삼은 다리 연골에 무리가 생겨서다. '스윙 아크를 크게 하라' '왼발을 단단히 잡고 벽으로 막히듯 세워놓아라' 하는 교과서적 스윙 이론은 무릎 인대를 망친다. 주변을 잘 살펴보면 말을 안 해서 그렇지 연골 때문에 고생하는 골퍼가 엄청 많을 것이다. 심할 때는 절그럭

거리는 소리까지 난다. 이런 몸을 이끌고 오늘도 골프장을 누비는 신선들이 계신다. 호쾌하게 날아가는 공 궤적이 아픈 몸을 자꾸 필드로 모셔가는 것이다.

혹시 갈비뼈 부러진 골퍼를 본 적이 있는가. 아니면 갈비뼈에 금이 간 골프 친구는? 당연히 있을 것이다. 오른쪽이든 왼쪽이든 뼈에 금이 가면 시큰거리고 아프다. 뒤땅을 많이 치고 회전운동이 되지 못하는 스윙을 하면 당연히 갈비뼈에 이상이 온다. 욱신거리고 얼얼해 진단을 받아보면 금이 갔다고 나온다. 부드럽지 못하고 무조건 힘만 앞세우는 골퍼들에게 자주 나타나는 이상이다. 거리 욕심에 무조건 휘둘러 패는 골퍼에게 보내는 몸의 경고 신호다.

'힘 빼라'는 골프 이론은 이런 잔부상 방지를 위한 아주 중요한 가르침이다. 어깨에 깁스를 한 것은 딱딱함이다. 젤리 같은 부드러움은 곧 받아들임이다. 진흙은 서로 부딪쳐도 달라붙는다. 구슬은 부딪치면 깨지게 돼 있다. 진흙과 구슬이 부딪치면 흙이 구슬을 품어버린다. 회전운동을

64

할 때는 자신의 몸을 진흙같이 만들어 공이든 페어웨이든 품어야 하는 것이다. 마구잡이로 힘을 써서 공을 때리면 자기 몸이 깨지든가 땅이 깨지든가 둘 중 하나다. 즐기자고 하는 놀이가 몸을 깨뜨려서야 되겠는가. 여하튼 온몸에 힘 잔뜩 넣고 후려 패는 골퍼는 사대(四大)가 뒤틀린다.

척추가 비틀린 사람은 오장육부도 뒤틀린 채 살아간다. 만일 당신이 한쪽으로만 편향되게 스윙해 골반과 척추가 비틀렸다면 오장이 제자리에 있지 못한다. 신장이 척추 쪽으로 삐뚜름하게 자리하고, 심장이 한쪽으로 치우쳐 제 기능을 발휘하지 못한다. 오장육부가 뒤틀리면 생각을 편향되게 하고 갑자기 걱정이 많아진다. 체력은 유지되나 건강이 염려되는 것이다. 옛 어른들이 "사대가 곧으면 생각이 바르다"고 한 것도 오장육부의 제자리 잡음을 강조한 말이다. 한방에서는 오장육부를 오운육기(五運六氣)라고 해서, 인체의 생각 흐름도를 장부와 연결해 말하기도 한다. 걱정하는 기운은 위장을 상하게 하고 고민하는 기운은 심장을 굳게 만든다. 결국 뼈의 비틀림은 기 흐름을 막아 건강뿐 아니라 도모하는 사업마저도 뒤틀리게 한다. 이것이 진리다. 바른 자세는 처세와 삶의 근본 에너지인 것이다.

요즘 골프장에서는 운동 시작 전 가볍게 체조를 하게 한다. 과거에는 없던 일로 3~4년 전부터 캐디들이 라운딩 전

스트레칭을 시킨다. 아주 바람직한 현상이지만 뭔가 2% 부족하다. 운동 내용이 조금 모자란 것이다. 거의 비슷비슷한 내용으로 스트레칭하는데, 몸 쓰임새를 모르는 사람이 그냥 만들어낸 몸 풀기 동작이다. 어깨 돌리고, 깍지 끼고, 엎드리고, 손목과 발목 돌리고....

## 체조와 요가식 몸 풀기 바람직

감히 제안하건대, 기왕 하려면 바르게 해보자. 박찬호가 미국에서 야구 시작 전 했던 것처럼 요가식 몸 풀기를 해보자는 것이다. 머리부터 시작해 목운동을 호흡과 같이 하고, 어깨를 푼 다음 가슴운동을 거쳐 허리운동으로 내려온다. 이어 고관절운동과 무릎운동, 발목운동을 거쳐 온몸운동과 숨쉬기로 마무리하는 법이다. 만일 한국골프장경영협회가 단합해 표준화된 체조를 공급한다면 만들어 드릴 용의도 있다. 단전호흡과 요가, 기공, 선 수행 등을 합한 체조를 10여 분 정도 하면 부상 걱정 없이 골프를 마음껏 즐길 수 있다. 여기에 더해 라운딩이 끝난 다음 운기조식을 하는 마무리 체조를 한다면 진짜 신선이 되는 묘미를 느낄 수 있을 것이다.

그렇다면 현재 잔부상으로 고생하는 분들에게는 어떤 치유법이 좋을까. 운동 좋아하는 분들이니 가까운 단전호흡 도장이나 요가 수련원, 또는 국선도 도장에 먼저 등록부터 할 것을 권한다. 그러고는 자신의 상태를 지도자에게 정확히 말하고 뒤틀린 골격을 바로잡는 동작을 배우면 된다.

자세 잡기 동작은 아주 많다. 그중 자신에게 맞는 몇 가지 동작을 배운 후 매일 지속적으로 실천하면 될 것이다. 혼자 하는 경우 게을러져서 빼먹는 수가 많다. 아예 비싼 비용 치르고 3개월 정도 돈 아까워 다닌다는 생각이 들 정도로 해보라. 다만 살살 꾀어 신도로 만드는 단체는 가지 말도록. 그냥 요가 수련원이나 국선도 도장이 좋다. 필자가 10여 년 동안 관찰해본 바로는 '마음' 자 들어가는 단체나 '단' 자 들어가는 단체는 돈 엄청 밝힌다.

자신하건대 매일 한 시간만 요가 동작을 하면 어떤 골격이라도 바로잡을 수 있다. 좌골신경통? 테니스엘보? 요통? 다 잡을 수 있다. 요가란 말 자체가 정신집중이라는 산스크리트어다. 정신을 집중해 호흡과 함께 몸을 움직이면 반드시 원래의 바른 자세로 돌아온다. 게을러서 못 하지 의지만 있으면 누구나 가능하다.

어리석게도 자신이 습관을 잘못 들여 비틀어진 몸을 누구에게 고쳐달라고 하겠는가. 의사에게? 활법 교정사에게? 침구사에게? 천만의 말씀, 만만의 콩떡이다. 나 스스로 고칠 수 있다. 나 스스로 모든 근골피(筋骨皮)를 바로잡을 수 있으며 정기신(精氣神)을 바로 세울 수 있다. 내가 바로 창조성이며 하늘 자체이기 때문이다.

## Couple Golf, 100 Years Guaranteed 부부골프, 백년해로 보장합니다

**2013.04.22 884 호**

라운딩할 친구 찾기가 쉬운 사람은 쉽겠지만, 어려운 사람은 하염없이 어렵다. 특히 나이가 들수록 그렇다. 아예 내 곁을 떠나는 사람도 많으니, 혹시라도 친구 가운데 병이라도 나면 서로 안절부절못한다. 자주 어울리는 친구가 어느 날 미국 간다, 손자 보러 해외 간다 하면서 장기간 자리를 비우면 의심이 든다. 수술하는 것을 숨기고 핑계 대는 것은 아닌가 해서. 이럴 경우 손쉽게 구할 수 있는 비상용 친구라도 있으면 어느 정도 안심이 된다. 그 비상용 친구는 바로 아내로, 부부 골프를 말한다.

2005년 일어난 사건이다. 한 선배가 라운딩을 하다가 앞 팀 여성 플레이어를 맞혀버렸다. 드라이버로 힘껏 쳤는데, 이것이 장타가 돼 원 바운드된 공이 앞 팀 여성의 항문 안쪽을 때려버렸다. 응급차에 실려가 병원에서 받은 진단이 전치 12주. 꼬리뼈가 심하게 다쳤다지만 남의 여자 뒤를 볼 수도 없고, 꼼짝없이 치료비와 정신적 보상금까지 합해 5000만 원이란 거금을 물어줬다.

싸우면서 합의를 본 선배는 "정말 더럽다"고 외치더니, 어느 날 자기 부인을 데리고 다니며 열심히 가르쳤고 이후 동반 라운딩을 다녔다. 목적은 하나. 어떤 놈이 부인 '똥꼬' 한 번 때려줬으면 하는 것이다. "못된 심보라 더 당할 거요" 했지만 부인을 꾸준히 데리고 다녔다. 나중에 하는 말이 "마누라 데리고 다니려고 5000만 원이나 든 셈이지만 감사해. 그전까지는 몰랐는데 함께 다니다 보니 그 이상의 효과가 생겨. 남편 존경하지, 늙어갈수록 정도 쌓이지, 골프 친구 별도로 만들 필요 없지. 장점이 이만저만 아니야" 하는 것이었다.

이런저런 스캔들에 휘말리기 싫거나, 노년에 친구 삼아 마나님과 함께 나가는 골프를 상상해보라. 정말 권장하고 싶은 지구평화운동의 모델이다. 나 같은 경우 아내가 직장이 있기에 주말에 동반 라운딩을 한 번 하는 게 여간 어려운 일이 아니다.

## 아내는 라운딩 펑크 비상 대기조

그래도 3년 전부터 시간만 나면 꼬드겨 연습장에 데려갔다. 한창 로 핸디로 소문 나 있어 코치도 내가 직접 했더니, 사부로 모시려는 마음이 생겨난다고도 했다. 그립 잡는 법부터 스윙 메커니즘을 교육하고 연습시켜 필드를 그리워하게 만드는 것이 1차 목표였고, 점차 스코어에 중독되게 하는 것이 2차 목표였다. 부수적으로 나이가 들수록 남편을 우습게 아는 노년의 여자가 갖는 남편 깔봄 현상을 예방하자는 목적도 있었다. 더해서 필드에 나가 자기는 '백순이'를 훨씬 넘어 초보자 수준을 헤매고 있을 때 남편이 로 핸디를 유지하면서 잘 치면 존경하는 마음이 저절로 들게 하려는 미래 목표도 있었다. 어찌 데리고 다니지 않을 수 있으랴. 잃어버린 위상이 회복되는데.

그런데 동반 라운딩을 하면 평소 내 실력보다 점수가 너무 높게 나오는 것이 희한했다. 어떤 때는 10 이상 차이가 나는데, 원인을 따져봤더니 골프에 집중하는 것이 아니라 잘 못 치는 집사람에게 신경을 썼기 때문이다.

그래서 아예 신경을 끄고 내 식대로 치고 나갔더니 이번에는 집사람이 엄청 짜증을 냈다. 남편 친구들이야 멋있게 날아가고 동반자들도 즐기는데, 자기만 헉헉거리고 이리저리 뛰어다니며 고생하는 것이 불편했던 모양이다. 이

71

릴 때 까딱 말 잘못했다가는 부부싸움 나기 십상이다. 절대 핀잔을 주지 않는 게 첫째 원칙이다.

누군들 초보 시절 없었으랴. "나도 옛날에 그랬어. 기죽지 마. 하다 보면 자신만의 감이 찾아져." 요렇게 다독거리고 100개가 넘는 샷 가운데 하나라도 잘 친 것이 나오면 무지막지하게 격려해 주는 것이 두 번째 원칙이다. 아무리 늦게 시작한 골프라 해도 기를 살려주는 말을 마구 해대는 것이다.

"이야, 신동인데. 나한테 시집 안 왔으면 박세리를 능가했을 텐데. 아니, 다른 운동은 젬병이어서 골프도 그럴 줄 알았는데, '신의 운동'은 아주 잘하네. 초보시절에 그 정도 치면 다른 사람보다 훨씬 빨라."

한 3년 같이 나가 고생하면 다음부터는 골프가 아주 재미있어진다. 혼자 다닐 때는 주말에 친구들과 라운딩이 있으면 눈치가 많이 보였는데, 집사람이 골프를 배우고 난 뒤로는 눈치 볼 일이 없어진 것이다. 자기도 골프 친구가 생겨 독립적으로 나갈 일이 생기니까.

부인이 훨씬 잘 치는 친구가 있다. 같이 라운딩을 하며 두 사람을 유심히 살펴봤더니, 애초에 가진 선입견이 완전히 사라졌다. 부인이 잘 치면 남편을 좀 우습게 보지 않겠나 싶었는데, 아니었다. 실수하는 남편에게 원 포인트 레슨을 해주면서 기를 살려주는데, 친구도 그것이 즐거운 모양이었다. 집에서도 그러느냐고 물은 내가 어리석었다. "밖에서 새는 바가지가 집에서는 안 새겠어? 모든 행동은 여기나 저기나 똑같아."

실력이 비슷한 친구 부부와도 라운딩을 했는데, 친구 녀석은 마누라가 안 되면 자기가 답답해 이리저리 코치하고 말도 많았다. 그럴수록 부인은 실력 발휘를 더 못했다. 친구 부인이 짜증 팍팍 내면서 "알·았·다·니·깐" 하며 씩씩거렸다. "자기가 나보다 잘 쳐? 그러니까 밖에서도 잔소리꾼으로 찍히지." 싸움 일보직전까지 가는 상황이 연출됐던 것이다.

이크, 저 부부 위험하다 싶어 우스갯소리로 다독거렸다. "어이, 두 사람 실력이 비슷하니, 서서 오줌 누기 내기 해 봐, 누가 멀리 가나." 친구 부인이 대뜸 받아치며 평소의 불만을 털어놓는다. "노터치 플레이하면 내가 이겨요. 저 양반, 신발에 다 묻히지."

73

## 굿샷 칭찬 한마디 당신은 만점 남편

골프장 캐디한테 부부 사이인지 애인 사이인지 아는 방법이 있느냐고 묻자, 그냥 웃는다. "첫 홀이 지나기 전에 다 알아요. 말 한마디, 동작 하나에 다 드러나거든요. 그냥 무신경하게 치느냐, 아니면 보살펴주느냐의 차이예요."

부부 골프의 묘미가 여기 있다. 무신경과 보살핌의 차이. 남편이든 아내든 무신경하면 남남이고 보살피면 부부다. 애인한테 하는 보살핌을 상상하고 부인에게 해보라. 남자는 보살핌을 무시한다고? 제발, 모르는 소리 그만하라. 말한마디, 조그마한 격려 하나라도 해주면 감격스러워 한다. 여자는 보살핌을 거부한다고? 한마디 말이라도 품안에 있다고 느껴지면 헌신한다. 나 좀 보살펴달라고 외치는 소리가 마누라의 잔소리고 신경질이다. 자기를 무시한다고? 본질은 내가 그를 멀리하기 때문이다. 내면의 소리는 언제나 행동으로 표출된다.

재미있게도 여성은 말 한마디에 묻어 나오는 남편의 속내를 직관으로 감지한다. 아무리 바람피우고 안 그런 척해도 마나님은 다 안다. 말소리에 묻어 나는 파장 감지능력이 남자의 10배는 되는 것이다. 그래서 지나가는 말이라도 보살핌을 던진다는 느낌으로 말하면 그냥 알아챈다.

일반 유기물질, 흙으로 만든 것이 남자라면 남자의 몸으

74

로 만든 것이 여자다. 신성 그 자체로 신성을 만들었기에 보이지 않는 감각 능력이 훨씬 발달했다. 더 섬세하고 한 단계 진화한 것이 여자인 만큼 이를 잘 알고 다룰 줄 알아야 진정한 가장이다. 유능한 아빠고 훌륭한 남편인 것이다.

이를 달성하는 수단으로서 골프를 같이 해보라. 코치할 줄 아는 능력도 생기고 같이 라운딩을 해도 섬세하게 다룰 줄 아는 능력이 생긴다. 칭찬의 묘미를 터득해 잘못된 100개 샷보다 한 개의 굿샷을 칭찬할 줄 안다면 당신은 이미 유능한 남편이다.

더불어 두 사람의 파장이 공명 진동해 늙어갈수록 친구가 될 것이다. 채를 잡지 않는 일반인에게 "무슨 돈으로?" 하는 말을 듣자고 던지는 말이 아니다. 지금 이 칼럼을 읽고 있는 분이라면 마나님과의 동반 골프가 무엇을 의미하는지 확실히 알 것이다.

부부 골프, 삶의 최고 묘약이다

## Disadvantageous to me, benefiting your opponent
## 나에게 불리하게, 상대를 이롭게

**2012.12.10 866 호**

골프 룰과 관련해 가끔 시비가 붙는다. 이게 옳네, 저게 옳
네 하면서 캐디에게 심판을 봐달라고 하고, 아니면 얼굴
붉히며 한바탕 입씨름을 한다. 한 타에 1만 원짜리 내기를
하면 룰 자체를 가지고 시비가 붙기도 한다. 한 푼이라도
잃지 않으려고 자기 자신에게 유리한 판정을 기대하는 심
리가 발동하기 때문이다.

보기플레이어 시절 어떤 친구가 러프에 들어간 공을 치
려고 연습스윙을 하면서 주변의 키 큰 잡초들을 다 쓰러
뜨렸다. 보통 연습스윙은 두세 번 하는데, 이 녀석은 열 번
넘게 연습스윙하면서 인근 잡초를 아이언으로 다 쓸어냈

다. 무성하게 자란 잡초를 제거해놓으니, 일견 치기가 쉬운 듯도 했다.

이 상황을 두고 시비가 붙었다. 벌타를 받아야 한다. 아니다, 무벌타다. 캐디에게 물어보니 할 말이 없단다. 자연훼손이므로 당연히 벌타다. 아니다. 그럼 연습스윙하면서 디보트 낸 것도 자연훼손 아니냐. 설왕설래하다 프로에게 물어보기로 했다. 내가 아는 프로에게 전화를 걸었다. 간단한 대답이 돌아온다. 당연히 벌타 받아야죠. 하지만 룰 가운데 최고 룰은 합의 룰입니다. 그 아래가 로컬 룰이고 그 밑이 시합 룰이에요. 공식 경쟁이 아닌 아마추어 간 시합에서는 합의 룰을 적용하세요. 그래서 내가 간단하게 정의했다. 합의한다. 무벌타다! 단 다음부터 이런 상황이 발생하면 벌타 두 개다. 규정대로. 자신에게 유리하도록 자연을 훼손한 경우 벌타를 받는 것은 당연하지 않느냐. 그래서 그 상황은 넘겼지만 뭔가 찜찜했다. 룰이 어떻게 탄생했는지 알아봤다.

1744년 스코틀랜드 리스라는 고장에서 사상 최초로 골프 클럽 조직 '오너러블 컴퍼니 오브 에든버러 골퍼스(The Honorable Company of Edinburgh Golfers)'가 탄생했다. 그와 동시에 골프 룰 13개항이 제정됐으나 현재 내용이 남아 있지는 않다. 그후 1754년 영국 세인트앤드루스에서 문을 연 골프클럽이 1834년 윌리엄 4세로부터 'Royal · Ancient'라는 칭호를 받으면서 영국왕립골프협회(The

Royal · Ancient golf club of St. Andrews·R·A)로 발족해 영국 골프클럽 조직과 룰을 총괄하는 권한을 갖게 됐다.

홀 수도 제각각이었다가 1764년에야 22홀로 정해졌다. 골프 성지인 세인트앤드루스 코스도 22홀로 구성돼 있었다. 현재와 같은 18홀 경기는 그로부터 100년 가까이 지난 1858년에야 비로소 시작됐다. 당시 룰을 정하는 데 중요한 기준은 인간과 자연의 합일, 젠틀맨의 요건 등이었다.

## 인간과 자연의 합일, 그리고 젠틀맨

1800년대 중반부터 골프는 룰대로 운영되기 시작했다. 현재 세계 골프의 총본산은 R·A로, PGA(미국 프로골프협회)와 협의해 4년마다 룰을 개정하고 이 룰을 둘러싼 의문이나 문제에 대해 정의를 내린다. 룰이 제정되면서 골프는 단순한 놀이 차원을 넘어 예의와 체력, 자연과의 투쟁으로부터 인생을 배우는 젠틀맨의 스포츠로 자리 잡게 됐다. 현재의 골프 룰은 34개 조항이 근간을 이룬다.

사람 사는 세상의 룰은 도덕에 기초한다. 이를 압축한 것이 법이다. 법에 따라 세상살이 틀이 정해지며 이것이 기초가 돼 규정, 조례 등으로 불리는 단체 법이 운영된다. 자그마한 시비의 원인도 도덕이다. 도덕은 천도지덕(天道地德)의 준말이다. 하늘의 길을 도라 하고 땅의 후덕함을

덕이라 하는 바, 결국 자연 이치대로 살아가라는 것이 도덕이요 법이다.

자연은 또 무엇인가. 명사로서의 자연은 사람 외의 대상을 뜻하지만, 철학적 의미로 따져보면 '스스로 그러한 상태'를 뜻한다. 즉 자신을 드러내는, 있는 그대로의 상태를 말한다. 들꽃도 자신을 드러내려 피며 물도 자신을 나타내려 흐른다. 바람과 구름과 비도 자신을 표현하는 수단으로써 작용한다. 태양은 빛나고 달빛은 반사한다. 동물은 먹이를 잡고 잠자고 교미한다. 인간도 이 범주에서 보면 자신을 드러내려 하는 자연 법칙을 따르는 존재다. 우리가 사는 이 세상 모든 룰은 이 자연 상태를 온전하게 유지하려고 온갖 의미를 갖다 붙인 것이다. 문화라는 것도 그렇다.

이러한 의미에서 골프 룰을 음미해보자. 34개 조항으로 구성됐다고는 하지만 단 하나의 의미만 제대로 새기면 구태여 다 공부할 필요가 없다. 자연 상태, 있는 그대로가 규칙이다. 자신을 드러내되 욕심을 내지 말라는 뜻만 제대로 이해하면 별도로 규칙을 공부할 필요가 없다는 얘기다. 이를 한 꺼풀만 더 벗겨보자. 하나의 기본 틀이 있으면 이를 세분화한 룰은 셋으로 나타낸다. 하나의 틀이 세 개의 룰로 이해되는 것이다. 삼일신고(三一神誥)! 우리 조상의 철학서에 그렇게 나와 있다. 있는 그대로가 하나의 틀이라면 여기서 두 개가 불거져 나온다. '나에게 불리하게,

상대를 이롭게'가 그것이다.

나에게 불리하게 적용하라는 것은 남에게 이롭게 적용하라는 뜻과 같다. 여기서 남이란 동반자뿐 아니라 모든 자연 상태를 이른다. 이유 없이 나무 꺾지 말고 물 훼손하지 말고 잔디 파지 말라는 것이다. 내 공이 치기 어려운 자리에 있다고 주변을 고르고 수정하면 당연히 벌타가 부여된다. 인공적인 수정을 하지 말라는 얘기다. 동반자끼리 합의한 사항도 이 범주를 벗어나면 합의 자체가 성립될수 없다. 있는 그대로, '남을 이롭게'가 어려운가. 나는 아주 쉽다.

남을 이롭게 배려하라는 것은 동반자가 잘 칠 수 있게 도와주라는 얘기다. 살벌한 인간세상, 경쟁과 투쟁이 난무하는 세상에서 경쟁이 아닌 서로 도움을 주는 골프를 하라는 것이다. 동반자가 샷을 할 때는 소리와 움직임도 그쳐야 한다. 아울러 미스샷이 나오면 같이 안타까워하고, 죽고 사는 문제가 아니라면 멀리건을 주는 것도 한 방편이다. 실수한 스윙은 빨리 잊어버리라고 격려하는 배려. 이것이 남을 잘되게 하면 내가 잘된다는 비결이다.

아무리 모호한 상황이라도 이 기준만 적용하면 다 해결된다. 예를 들어보자. 벙커 고무래에 공이 걸렸다. 고무래를 치우자 공이 굴러 벙커에 빠졌다. 이런 경우 원래 자리에 놓아야 하나, 아니면 벙커에서 쳐야 하나. 이 중 나에게 불리한 상황이 어느 것인지를 적용하면 쉽게 판정할 수 있다. 앞에서 인용한 친구의 러프 풀 깎기도 이 기준에서 보면 당연히 벌타 대상이다. 자기에게 유리하게 인공적인 수정을 가했으니 그 자체가 도덕에 위배되는 것이다. 어프로치하다가 스윙 한 번에 공이 두 번 맞았다. 자신이 의도하지 않았는데도 자연스럽게 공이 와서 맞았는가. 무벌타다.

## 같이 사는 세상 반드시 필요한 룰

이 룰을 인생에 대입해보자. '있는 그대로, 남을 배려하고, 나에게 불리하게.' 이 세 가지만 준수한다면 삶이 팍팍하지는 않을 것이다. 어떤 단체나 조직, 국가라 해도 이 룰만 준수한다고 가정해보라. 현재 한국 사회가 가진 여러 문제, 즉 환경이나 성문제, 노인문제, 경제문제도 어렵지 않게 접근할 수 있다. 골프 룰을 상기하고 환경에 접근하면 인공적인 제재도 필요 없다. 성문제? 있는 그대로 접근해보자. 난 네가 싫은데 넌 내 몸만 보고 덤비느냐. 나에게 불리한 상태로! 덤벼드는 놈은 자신에게 유리한 상태지만 당하는 나는 인공적으로 불리한 상태다. 자신에게 유리한 상태로 덤비는 친구에게는 2벌타를 부여해야 한다. 그래도 같이 사는 세상인 만큼 함께 라운딩하는 정신으로 징역살이라는 벌타를 베풀어주는 것이다. 많이 가진 자가 없는 놈 것을 빼앗아 먹는다? 있는 그대로의 상태가 아닌

인공적인 수정 상태다. 2벌타에 추후 골프장 출입금지까
지 생각해야 할 것이다.

지구상의 모든 존재는 한 뿌리에서 나온 다른 열매다. 그
어떤 미물도 하늘의 다른 분신이다. 좀 고급스럽게 표현
하면 빛의 원질에서 다양한 색깔이 나오고 그 색의 조합
이 만물을 다르게 나타내는 것이다. 빛의 삼원색만 알면
다 아는 이론을 우리는 왜 잊고 사는가. 우리는 다른 존재
가 나의 또 다른 분신이란 사실을 오래전에 잊어버렸다.
'나'라는 단어에 네모를 붙이면 '남'이 된다. 그 네모가 나
를 닫아버린 것이니, 모든 갈등과 투쟁이 여기서 나온다.
나를 여는 세 가지 방법이 골프 룰과 직통한다. 있는 그대
로, 남을 배려하고, 나에게 불리하게 하라.

# View Ghosts, English ghosts 보기귀신, 영국귀신

2013.06.10 891호

## 딱딱한 생각...영국 귀신이 찾아온 것
## 보기 플레이

골프 용어 가운데 싱글 플레이와 보기 플레이란 말이 있다. 그런데 싱글 플레이란 말을 외국인한테, 특히 미국인한테 썼다간 말이 안 통하는 것은 물론이고 뺨이라도 맞지 않으면 다행이다. 혼자 사는 사람이 상대 없이 즐기는 성적 놀이를 속어로 싱글 플레이라고 하기 때문이다. 그런데 보기 플레이어란 말은 잘 알아듣는다고 한다. 매 홀마다 한 개씩 오버하는 플레이를 하면 최종 90타를 기록한다. 보기 플레이어는 파와 버디를 몇 개 하더라도 가끔

트리플보기와 더블보기를 한다. 아무리 버디를 몇 개 하더라도 자신의 핸디캡 숫자는 벽을 뚫고 나온다는 게 정설이다.

여기서 한 가지 의문. 기준 타수(파)보다 한두 개 적게 나오는 핸디에는 버디, 이글, 앨버트로스 등 높이 나는 새 이름을 붙이는 데 반해 왜 보기는 더블보기, 트리플보기처럼 앞에 숫자만 붙이는 걸까. 보기란 용어는 어떻게 나왔을까.

사전에는 분명 기준 타수보다 하나 더 나오는 점수라고 돼 있다. 그런데 군대 속어로 보기는 국적불명의 비행기라는 뜻이다. 일반 속어로는 마리화나라는 뜻도 있는데, 이 3개 단어를 접하면서 원어가 어디서 유래했는지 궁금했다. 그래서 알아봤더니, 라틴어에서 유래한 것으로 골프가 일반화한 18세기에는 요정이란 뜻으로 사용했다고 한다.

요정이란 무엇인가. 동물이나 식물이 아닌, 보이지 않는 곳에서 행복과 불행을 조정하는 동화 속 신비의 존재로 알려졌다. 하지만 영국에서는 해코지하는 못된 놈이란 뜻으로 자주 쓰였다고 한다. 우리나라에서는 용이라는 동물을 신성시하는 데 반해, 그쪽 사람들은 용을 못된 짐승으로 보는 것과 비슷하다. 즉 요정을 우리말로 번역하면 도깨비나 귀신이 더 어울리는 것이다.

그렇게 보면 보기는 도깨비장난이라고 할 수 있다. 아니, 귀신 들렸다는 표현이 더 적절할지도 모른다. 따라서 보기는 귀신 하나, 더블보기는 귀신 둘, 트리플보기는 귀신 셋인 셈이다. 그래서 국적불명의 비행기는 귀신이 날아다니는 것으로 이해됐고, 마리화나를 피우면 귀신이 보인다는 의미에서 보기를 속어로 마리화나라고 한 것이다.

## 보기는 귀신 하나, 더블보기는 귀신 둘

골프 친구 가운데 항공사 기장이 있다. 이 친구를 처음 알고 라운드를 할 때 엄청난 고수와 함께하는구나 싶어 아주 상쾌했다. 드라이버 거리가 평균 270야드를 웃돌고, 롱홀에서 투 온 하는 모습을 보면서 참 대단한 골프 친구 하나 사귀었다며 좋아했다. 더구나 하늘에서 노는 친구라 비행이 없는 날에는 골프장을 찾거나 텃밭에서 채소를 가꾸며 땅의 기운을 흡수하는 생활 습성을 가져서 도인으로 함께해도 좋을 만큼 깊이 사귀었다.

그런데 한 3년 라운드를 함께 하다 보니 이 친구가 점점 자신감을 잃어가는 것이 아닌가. 어프로치가 영 안 됐다. 뒤땅이나 생크가 나서 계속 헤맸다. 그 모습이 영 이상해 물어봤다. 도대체 왜 그리 망가졌느냐고. 이 친구 대답이 걸작이었다. 다른 놈하고 하면 괜찮은데 도사 너하고 하면 이상하게 울렁증이 생겨. 도사 네 녀석이 나한테 귀신 붙였지? 아니면 나하고 칠 때 속으로 저주를 하는 거 아냐?

아차 싶었다. 내 행동에서 저 친구가 오해할 만한 어떤 점이 있었구나. 아니면 내가 전혀 흔들리지 않고 내 방식대로 치니까 질려버렸을지도 모른다는 생각이 들었다. 그래서 그가 가꾸는 텃밭에서 삼겹살 파티를 하며 그의 울렁증을 해소해주기로 했다. 거기에 더해 귀신이란 놈이 무엇인지, 신들린 게임이란 무엇인지에 대한 강의도 했는데, 다행히 지금 그는 예전 실력을 되찾았다.

"도사에도 급이 있는데, 귀신을 부리고 술법을 행하는 도사는 좌도방으로, 격이 아주 낮은 놈이야. 더 격이 낮은 도사는 사주관상이나 보고 풍수를 생활화해 장사하는 놈이지. '반풍수 집안 망친다'는 속담이 그냥 있는 게 아냐. 진짜 풍수지리학자나 진짜 명리학자는 절대 도를 상품화해 자신의 생활수단으로 삼지 않아. 도사 가운데 무도를 하는 도사는 격이 낮으면 깡패가 되고 높으면 국가대표급이 되지.

우리처럼 마음공부만 하는 도사는 우도방이라고 해. 우도방은 철저히 정신세계만 탐구하기 때문에 초능력도 마음의 일부로만 여길 뿐 남에게 보여주길 엄청 경계하지. 겁내지 말게. 최소한 내가 좌도방이 아니라는 사실은 자네가 더 잘 알지 않나.

우도방을 하는 나는 인간의 기본 구성요소를 정(精)·기(氣)·신(神)으로 나누고 삼단논법으로 수양하지. 먼저 정을 충만하게 한 다음, 기를 장하게 해 만물이 나와 같은 뿌리에서 나왔다는 것을 확신한다네. 이어 신을 밝게 해 온 세상을 환하게 비추지.

신을 밝게 하는 것은 정신수양 공부의 최종 목표야. 검은 마음을 가져 신이 어둡게 되면 그게 바로 귀신이지. 귀신이 따로 있는 게 아냐. 원한을 갖거나 한 맺힌 인생을 살면 밝음이 사라지고 어두운 파장만 꽁꽁 맺혀 흩어지지도 않는데, 그것이 바로 귀신이야.

처녀귀신이나 총각귀신은 인간의 가장 원초적 욕망인 섹슈얼 에너지에 대한 원한 해소가 안 돼 생겨난 거야. 성적 행위에 대한 욕망으로 똘똘 뭉친 것이 몽달귀신이고. 실제로 그런 잡스러운 에너지를 가진 기운들이 있어. 그것이 나 자신과 파장이 맞아 동조하면 실제로 나한테 해코지를 하지.

따라서 이 기운들과 나 자신의 공조현상을 없애야 귀신에 휘둘리지 않아. 학문적으로는 공명진동이라고 하는데, 물리학에서도 주파수가 같거나 정수배(整數倍)로 진동하는 물질은 공명한다고 하잖아. 결국 귀신을 만드는 것도 나 자신이고, 불러들이는 것도 나 자신이야. 같이 공명하는 거지. 그러니 나는 절대 너에게 귀신을 붙이지 않았어. 네가 불러들인 거야.”

## 귀신을 만들고 부르는 것도 나 자신

여기까지 설명을 들은 그의 아내가 크게 웃으며 거들었다. “이상하게 김 도사와 하면 안 된다고 하더니, 결국 안 된다는 자기 마음이 울렁증을 만든 거군요. 이제 저주가 풀렸으니 다음에 한판 붙어봐요. 자신만의 게임을 할 수 있을 것 같네요.”

보기란 용어는 여기서 나왔다. 귀신이 들리는 현상, 즉 자신의 생각 에너지가 밝음보다 어둠을 지향할 때 반드시 그리 돼야 한다는 강한 자기 욕심이 어둠과 귀신이란 뜻의 보기를 불러오는 것이다. 아니, 그 어둠이 자신과 함께 하는 것이다.

자기 인생을 돌이켜 실패했다고 느끼는 경우를 회상해보라. 조상이 해코지했는가, 아니면 운 때가 안 맞아서 그랬는가, 아니면 생각이 하나에만 얽매여 주변을 보지 못한 탓에 어두운 기운이 밝은 기운을 가리지는 않았는가. 밝음이 사라지면 다른 것들이 보이지 아니한다. 생각 하나에만 얽매이면 다른 소리나 행운의 기운이 들어오지 아니한다. 생각의 굳음이 귀신이요, 보기라는 영국 귀신이다. 그래서 골프에서 보기는 귀신이고, 더블보기는 귀신 둘인 것이다.

이 글을 읽는 당신, 귀신 몇을 붙이고 다니는가.

**Golf and Life 골프와 인생**

**Play with these lousy humans? Don't you? 이 치사한 인간 들과 놀아? 말아?**

**2012.11.26 864호**

## 처세술과 매너

세상살이 처세술과 골프 매너의 관계를 보면 보통 사람의 인생살이 수준을 알 수 있다. 무엇을 배우든 배움이란 결국 인간의 사회생활 수준을 높이고 삶의 질을 향상시키기 위한 수단으로 볼 수 있다.

인간 행동 중 한 가지만 보면 대략 그 사람의 배움 수준을 알 수 있는데, 특히 인간성의 격(格)을 느끼려면 두 가지만 보면 된다. 골프와 고도리다. 골프는 비싼 대가를 지불하고 자연에서 노니는 것이지만 고도리는 화투짝 하나만 있으면 된다. 그래서 골프는 놀이고 고도리는 곧 노름이된다. 격 차이다. 하지만 골프할 때도 놀이보다 노름의 격으로 떨어지는 천한 친구들이 의외로 많다. 놀이하는 사람은 상격이고 노름하는 사람은 하격이다. 골프 대중화가이 노름꾼들에 의해 방해받는 것이다.

내가 골프를 할 때 가장 짜릿한 즐거움을 느끼는 친구들 모임이 있다. 졸죽회라 부르는 모임인데, '졸면 죽는다'는 뜻이다. 이 친구들 실력이 걸출해 80대를 치는 순간 지갑이 다 털린다. 매 순간 집중하지 않으면 언제 타수가 올라갈지 몰라 '졸지 마라'는 뜻으로 동반한 캐디가 붙여준 이름이다. 70대 중반 실력으로 하는 모임인 만큼 라운딩 자체가 짜릿하다. 침묵하는 동반, 도인끼리 하는 말로 묵언 골프! 남들이 몇 타를 치든 어떤 불법 매너를 보이든 말든 말없이 골프에만 집중한다. 한 홀 끝나면 몇 타 쳤느니 확인하지 않고 그냥 돈만 계산해서 주고받는다. 다 알기 때문이다. 이게 골프의 멋이다. 진정한 고수끼리는 내공을 겨룰 때 말이 필요치 않음을 확인해주는 동반자들이다.

놀이를 즐길 줄 알기에 그들은 처세술에도 달인이다. 사업을 해도 절대 상대에게 이런저런 요구를 하지 않는다. 어떻게 하면 상대에게 이익을 줄까 고심한다. 윈윈(win-

win)게임의 법칙을 알기에 상대방 마음을 살 줄 안다. 당연히 신뢰가 쌓이고 사업도 번창한다. 공무원인 친구는 자신만의 골프철학과 처세술을 하나로 결합해 조직 내에서 인격자로 불리며 출세가도를 달려왔다.

그만의 세 가지 법칙을 듣고 한참 웃었다. 첫째, 철저히 아부한다. 아부가 아부로 인식되면 그건 아부가 아니다. 다른 말로 하면 칭찬이다. 오로지 칭찬과 격려가 상관과 부하의 기를 살린다. 둘째, 약간의 실력이다. 프로보다는 못해도 아마추어로서의 실력은 갖춰야 한다. 특히 상관은 반드시 프로로 인정해주고 자신은 아마추어라는 인식을 가지는 것이 중요하다. 약간의 실력, 이것이 처세술이다. 셋째, '책임은 나에게'라는 법칙을 실생활에서도 철저히 지킨다. 캐디 탓을 하거나 핑곗거리를 다른 데서 찾는 것이 아니라 자신을 돌아봐 회개하고 반성한다. 상관에게 공을 돌리고 부하에게 상을 돌리며 책임은 자신이 지는 처세를 몇 년간 하다 보니, 조직에서 인정받아 자꾸 등용되는 것이다.

하지만 접대골프는 고문과 지겨움의 연속이다. 나에게 무슨 대단한 힘이 있어 해주는 접대가 아니라, 고위직에 있는 친구 녀석에게 접대를 하려는 모임에 인원이 부족해 대타로 나간 라운딩이 있었다. 이건 숫제 고문이었다. 접대자가 미리 현금을 준비해와 스킨스 형태로 게임을 진행하는데, 따는 대로 가져가는 놀이동산이었다. 왜 고문이고 지겨움인가. 이게 나한테 접대해주는 것이 아닌데 딸 수가 있나.

매 홀마다 상대 눈치를 봐가며 실수한 척 안 따려니, 골프가 아닌 져주기 게임이었다. 하여간 18홀을 어떻게 돌았는지 모르게 찝찝했다.

그날 한 접(100개를 뜻함)을 쳤다. 돈을 딴 게 아니라 독을 딴 기분이었다. 그 친구한테도 미안하고, 접대자한테도 미안하고, 캐디 보기도 영 쑥스러웠다. 다시는 이런 접대 골프는 하지 않으리라. 라운딩 후 식사하면서 대놓고 물었다. "이렇게 재미없는 골프가 괜찮아?" 그 친구 대답이 결작이다. "이게 접대 중에 제일 싸. 술집 가면 더 비싸고 건강에도 안 좋고 서로 찝찝하고 그래."

로비로서의 골프는 목적이 다른 골프다. 건강이나 자연과의 교감으로 그 호쾌함을 세포가 인식하게 해 기분이 좋아지는 것이 아닌, 삶의 처세수단으로서 응용하는 것이다. 접대받는 사람이 신나게 한판 돌았다는 느낌이 들면 목적은 달성된다.

하지만 이것도 인격과 놀이가 뒷받침돼야 한다. 그냥 굽
신거리며 눈에 띄게 잃어주고 기분만 맞춰주는 접대골프
는 받는 사람도 찜찜하다. 부담감이 생기기 때문이다. 한
번은 놀아주지만 두 번 다시 놀 기분이 나지 않는다. 신뢰
에 문제가 생기기 때문에 목적의 지속성도 이어질 수 없
다. 다음에 다시 만나 한판 붙고 싶다는 생각이 들도록 적
당한 실력과 인격을 보여줘야만 관계가 지속되며, 도와주
고 싶은 마음도 생긴다.

군 원로들과의 라운딩은 원숙한 삶의 지혜를 배우는 재
미있는 기회가 됐다. 나이 70 넘은, YS시대 한 가닥 했던
분들이었는데, 실력도 에이지(AGE) 싱글이었다. 자기 나
이에 맞는 타수를 치니, '경로당 골프'라는 게 똑딱 골프라
지만 어프로치와 퍼팅이 천하 고수인지라 당하기도 엄청
당했다. 거리는 여성들과 비슷한데도 세컨드 샷은 무조건
우드로 해 그린 근처에만 가면 붙여서 파다. 그냥 어른들
즐겁게 해주자는 마음에서 시작했다 전반 홀 끝나고 타
수를 보니, 이건 영 아니었다.

후반 홀 들어가며 왜 이런 타수가 나왔나 생각해보니, 노
인네들 심리전술에 당한 것이다. 기분 나쁘게 '구찌 겐세
이'(골프장에서만 통용되는 일본말로, 말로 시비 거는 것
을 뜻함)가 아니라, 상대를 칭찬하며 마음을 흔드는 전법
에 당한 것이다. 드라이버 치기 전에 "젊은 사람이 우리보

다 10m는 더 나가야지. 아이구 50m 더 나갔네" 이래 놓고 세컨드 샷을 할 때는 "와, 저 힘 좀 봐라. 마눌님이 엄청 좋아하겠다" 등 요상하게 칭찬하며 집중을 못 하게 만드는 전술에 당한 것이다.

후반전에 가서야 도사 기질을 발휘, 게임에 집중해 창피를 면할 수 있었다. 그날 배운 인생철학은 노인네의 지혜란 곧 경험으로 쌓은 깨달음이라는 것이다. 상대를 배려하면서 자신만의 목적을 달성하는 골프, 인생이든 골프든 지혜다. 처세술이다. 노인네는 용도폐기된 것이 절대 아니다. 뒷방 늙은이라고 무시하지 마라. 고집이 아닌, 지혜가 쌓이고 철학이 깃든 말이라면 언제든 경청해 배워야 한다.

교수 친구들과 라운딩 했을 때는 쩨쩨함의 극치를 경험했다. 사람마다 다르겠지만 하여간 그날 라운딩 한 세 교수는 다 쩨쩨했다. 1000원짜리 스트로크 게임을 하는데, 목숨 걸고 인상 쓰며 서로가 직설적인 방해 작전을 펴는데, 아주 흥겨웠다.

한 녀석은 공을 얼마나 오랫동안 썼는지 딤플(골프공 표면의 홈) 자국이 다 낡아 맨질맨질한 것을 그대로 사용했다. 얼마나 사용했느냐고 물었더니 3년째 쓰고 있단다. 잊어버리지도 않았느냐고 묻자, 숲으로 들어가거나 연못에 빠져도 절대 버리는 법이 없었다니, 그 집착 수준을 가히 알 만했다.

또 다른 녀석은 상대가 친 공을 수단, 방법 안 가리고 못 찾도록 하는 것이 주특기인데, 공이 잔디 속에 들어가 주인 눈에 안 보인다 싶으면 발로 꾸욱 밟아 땅속으로 밀어 넣는 것이다. 거기에 더해 자기와 비슷한 위치에 공이 있으면 확인하는 척하면서 공을 바꿔버리는데, 그 수법이 저잣거리 깡패보다 못했다. 즉 바지 주머니 속을 터놓고 하단으로 공을 흘려 바꿔치는데, 나중에 물어보니 미리 준비하고 나왔단다. 그래놓고 딴 돈과 잃은 돈의 합계를 보니 전부 만 원 이하였다.

하여간 나는 국외자로서 그들의 내기게임을 관찰하는 터라 뭐라고 시비 걸 처지는 못 됐지만 씁쓸한 기분이 드는 건 어쩔 수 없었다. ·#52059;도 모르는 게 면장이라더니, 골프 기본철학도 모르면서 교수라. 저녁을 먹으며 왜 그리 쪼잔하게 치느냐고 물었다.

"김 도사, 박사라는 말은 배우고 가르치는 데 자유로운 사람이란 뜻이네. 라틴어에서 나왔지. 말로 설명하고 이론을 가르치는 건 쉬워. 하지만 행동으로 여러 가르침을 전수할 때는 인간성의 말단까지 가보면 의외로 쉽게 깨치지. 주먹이 배움의 원초적 방법인 건 모르지? 세포에 각인되기 때문일세. 아주 더러운 매너를 공유해보면 최고 매너가 무엇인지 알게 돼. 다른 사람하고 칠 때는 품격 높게

96

행동하지."

아하. 이것도 가르침의 한 방법이구나. 하여간 인생, 삶의
방법은 참 다양하다.

**Sir, would you like to erase the word 'godeulgae' in front of your shoes? 각하, 신발 앞 '고들개' 글자 지울까요**

## 대통령 골프

'대통령 골프'라는 말을 많이 한다. 하지만 대통령이 골프 치는 모습을 직접 본 일이 있는가. 언론도 모르게 살짝 치고 오니 그 실상을 알 수 없다. 앞뒤 홀 비워 놓고 느긋하게 치는 것이 대통령 골프다. 나는 우리나라 대통령이 골프 치는 모습이 공개되길 바라는 사람이다.

우리나라에 대통령 전용 골프장이 있는지 궁금한 사람이 많을 것이다. 답은 "없다"이다. 그러면 대통령이 골프를 치고 싶을 때 찾는 골프장이 있느냐고 묻는다면, 답은 "있다"이다. 서울 북동쪽 태릉에 있는 골프장이다. 1967년 국내에서 세 번째로 개장했는데, 우리 골프장 역사에서 빼놓을 수 없는 곳이기도 하다. 대통령이 만들고 가끔 즐겼기에 대통령 골프장이라고 부르기도 한다.

이 땅에 골프장이 처음 만들어진 데는 조선 왕가 도움이 컸다. 1924년 영국인들이 처음 북한에 자그마한 골프장을 개장했다는 얘기도 있지만, 실제로는 1934년 건립한 서울 군자리 골프장이 우리나라 골프장의 효시다. 지금의 어린이대공원 자리인데, 땅 주인이 영친왕이었다고 한다. 골프장 건설자금까지 대줬다고 하니 일국의 왕손다운 행동이었다. 미래를 내다보고 초석을 다지는 행동이었던 것이다.

영친왕 뒤를 이어 골프장을 건설한 '왕'이 바로 박정희 전 대통령이다. 태릉골프장의 첫 삽을 뜬 것이 1966년이었으니, 그때는 대통령 자리가 확고한 것도 아니었고 유신 같은 독재정치도 생각지 않았을 시절이다. 지독히도 가난했던 때라 골프장 건설 같은 것은 꿈도 꾸지 못할 시기였지만 미래를 볼 줄 아는 혜안으로 건설했다. 무슨 돈으로 지었느냐고 의아해하겠지만 돈 없이 지었다고 한다면 믿을까. 지금같이 땅값이 비싸지도 않고 건설 노동력이 비싸지도 않은 시절이었지만, 태릉골프장은 군대 힘으로 건설했다. 서울 인근 군부대 공병을 동원해 땅 파고 밀고 해서 어렵게 건설했던지라, 개장식에는 국방부 장관과 각 군

참모총장이 참석해 목에 힘을 주고 앉아 있었다.

박 대통령은 자신이 골프를 하고 싶어서가 아니라 사관학교 생도들을 위해 골프장을 건설했다고 한다. 미래 한국 인재들은 국제적으로 움직여야 하는데, 골프를 모르면 국가 망신이라고 생각해 그 어렵던 시절 군대를 동원해 골프장을 만들었던 것이다. 지금도 태릉골프장 매 홀에는 각 사단 고유 마크가 새겨져 있다. 1번 홀은 1사단, 2번 홀은 2사단 하는 식으로.

사실인지 아닌지 모르겠으나, 개장 기념 골프대회 때 있었던 박 대통령 일화는 지금도 태릉을 찾는 골퍼 사이에서 회자된다. 당시 경호실장이 '피스톨 박'이라고 불리던 박종규 실장이었다. 따라다니지는 못하고 멀찌감치 서서 경호했는데 박 대통령이 자꾸 무슨 말인지 중얼거리는 소리를 들었다. 무슨 지시사항이 있는 줄 알고 옆에 보좌하는 도우미한테 임무를 줬다. 무슨 말씀을 하시는지 반드시 듣고 보고하라고. 다음 홀에서 그 도우미가 보고한 말, "'머리 박고 힘 빼, 머리 박고 힘 빼' 이렇게 중얼거립니다".

웃기려고 만들어낸 말이지만, 한 단계 더 나아가 이런 얘기도 있다. 피스톨 박이 골프장에서 박 대통령의 골프용구를 챙기다 신발을 보고 아주 의아하게 생각했다. 신발 앞코에 글자 세 개가 새겨져 있었다. '고들개'라는 글이 양 신발에 다 새겨져 있었는데, 궁금증을 참지 못한 피스톨 박이 돌아오는 차 안에서 박 대통령에게 물었다.

"각하, 신발 앞에 새겨진 그 글자 지워버릴까요? 보기 흉합니다."

"절대 지우지 마. 골프 칠 때마다 내가 그 글 보고 마음을 잡아."

"무슨 뜻인데요?"

"응, '고개 들면 개새끼'의 준말이야."

박 대통령 이후 대통령 골프는 전두환으로 이어진다. 최규하 대통령 운운할 권력을 가지지 못했으니 골프 역사에서는 빠진다. 전두환 전 대통령이 골프 좋아한 것은 미국 클린턴 전 대통령이 좋아한 것만큼 잘 알려졌지만, 실력은 클린턴 따위와 비교할 바 아니다. 지금 나이 80이 넘어 여전히 골프장에 다니는 체력도 대단하지만, 더 놀라운 사실은 지금도 드라이버 거리가 250야드를 나간다는 것.

이는 사실이다. 직접 물어보라. 엄청난 비거리를 자랑한다. 내가 그의 후배이기 때문에 같이 라운딩을 하는 선배들로부터 자주 들은 얘기다. 아무리 29만 원밖에 없다고해도 골프를 좋아한다면 돈이 문제랴. 연금이 나오고, 전국 31개 군 골프장의 정식 회원이니 싸게 칠 수 있다. 나처럼 25년 동안 군생활을 한 사람도 회원 자격이 있는데 30년 넘게 군생활을 한 분이야 말해 뭐하겠는가.

노태우 전 대통령은 골프를 그다지 좋아하지 않았다고 한다. 못하지는 않았지만 골프 역사에서 내세울 만한 점은없었다고 보면 될 것이다. 북방정책으로 찬바람 부는 동토 쪽에만 너무 관심을 가져 햇살과 공기, 숲이 있는 골프는 그다지 내켜 하지 않았는가 보다.

김영삼 전 대통령은 골프를 아예 원수 대하듯이 했다. 별명도 골프공이다. 자그마한 것이 맞으면 엄청 아프다. 하도 사정을 많이 해서 얻어맞은 기관들이 붙인 별명일 것이다. 당시 공무원들은 골프가 아무리 좋아도 내놓고 치지 못했다. "없는 사람 배 아픈 짓은 일절 하지 마라"는 대통령의 지침 때문이었다고 한다. 하지만 그 본질을 들여다보면 그럴 듯한 명분보다 '내가 못 하는 것은 남도 못 하게 한다'는 고약한 심보가 아니었을까. 어디까지나 내 생각이다.

김대중 전 대통령은 골프 자체를 언급하지 않았다. 하지만 골프를 좋아하는 공무원에게는 김영삼 시대보다는 호시절이었다. '하라고 만들어놓은 것을 왜 못 하게 하느냐'는 인식으로 골프를 대했다고 하니, 까다로운 골프장 인허가 조건이 그 시절 많이 개선됐다. 특히 한국은 산악지형이 많은 만큼 사람들로 하여금 자연과 교감하게 하고 수익도 창출할 수 있게 지방자치단체가 앞장서 골프장을 건설하라고 유도했다고 한다. 만일 좀 더 젊은 시절에 대통령이 됐다면 그도 한창 공을 날리지 않았을까.

노무현 전 대통령의 골프 실력은 아마추어 수준이었다. 보기를 좀 넘는 실력이었다는데, 그래도 즐길 줄 알았기에 공무원 골프에 제약이 없었다. 특히 재미있는 사실은 권양숙 전 영부인이 골프를 되게 좋아했다는 사실이다. 나 같은 백면서생은 골프를 칠 때마다 비용이 걱정돼 주로 군 골프장을 찾는다. 어느 날 태릉골프장에 갔는데, 앞홀이 훤히 비었기에 기분 좋은 말로 한마디 했다. "캬, 대통령 골프네!" 그때 도우미가 슬쩍 귀띔해주는 말이 "저 앞 홀에서 권 여사가 치고 있어요". 어이고 그래야지. 청와대 구중궁궐에 있는 것보다 이렇게 야외에서 라운딩을 해야 국민 정책 개발도 맑은 정신으로 할 수 있거늘....

그런데 한 달 후 그늘집이 조금 바뀌었다. 일반인이 앉는 자리 옆에 조그만 공간 하나가 더 생긴 것이다. 이게 뭐냐고 물었더니, 귀빈이 오면 일반인이 부담스러워할까 봐 자리를 따로 만들었단다. 야, 내가 치는 골프장이 대통령 골프장이로구나. 나도 그 자리에 한번 앉아보자. 그래서 이날 나도 대통령 골프를 친 것이다. 그늘집까지 포함해.

국가원수가 왜 골프를 치면 안 되는가. 국민 눈높이에 맞추기 위해서일 것이다. 대통령 가족은 골프 친다고 비난을 들어야 하는가. 아니다. 국가 정상끼리 골프장에서 돈내기를 하며 낄낄거린다고 상상해보라. 그 나라와는 별도의 외교 노력이 필요 없지 않을까. 태릉골프장에서 한·미·일·러 4개국 정상이 내기를 한다면 어떤 내기를 할까. 독도 따먹기 한번 하죠. 북한 놓고 미국, 러시아가 내기 붙어보죠. 중국 만주 땅따먹기 한번 할까요. 상상만 해도 기분 좋다!

## Caddy, a servant or a worker 캐디론, 하인인가 노동자인가

**2013.03.18 879호**

### 하인? 노동자? 그들은 즐거운 동반자
### 필드 위 도우미 '캐디'

굿 샷 반대말은? 볼! 이건 표준어고, 에이 C8, 닝기리, 춋도 … 이건 방언이다. 동반자가 굿 샷 아닌 방언을 외칠 때 이상하게도 내가 하고 싶은 말을 대신 해줬다고 느낀 적이 있는가. 어찌 내 심정을 저놈이 대신 해줄까 고마운 느낌이 들지 않았는가. 이게 '또 다른 나'라는 무의식적 동질성이다. 한 뿌리에서 나온 다른 열매의 드러남이다.

불가에서 말하는 인생 세 법칙은 골프에서도 그대로 통

용된다. 첫 번째 법칙은 독행(獨行)이다. 누가 아무리 뭐라 해도 인생은 나 혼자 살아간다는 뜻이다. 두 번째 법칙은 동행(同行)이다. 혼자서 살아가도 누군가와는 같이 간다는 뜻이다. 끝으로 고행(苦行). 힘들게 간다는 뜻이다. 골프는 누가 뭐래도 골퍼 자신만의 주체 타법으로 친다. 이것이 독행이다. 동반자가 없으면 치기 어렵다. 이것이 동행이다. 아무리 잘 치고 싶어도 어렵다. 이것이 고행이다.

하지만 스스로 즐기고 동행을 기꺼워한다면 고행이 아닌 낙행(樂行)이 될 것이다. 동반자가 별짓을 해도 덤덤할 수 있다면 당신은 이미 초월자다. 스스로 스트레스를 만들지 않으니 도인이다. 이 경지에 이르도록 멘털 골프를 해보라. 수행과 도 닦음이 바로 골프다.

언젠가 친한 친구끼리 골프를 쳤는데, 모두 80대 안쪽을 기록했다. 감탄한 캐디가 "이 조에서는 졸면 죽겠네요" 하면서 '졸죽'이라는 모임 이름을 지어줬다. 그러면서 하는 말이 걸작이었다. "제가 할 일이 없어 좋긴 하지만, 저도 동반자로 대우해주세요." 무슨 말인가 싶어 의문의 눈으로 바라보니, 아무 말 없이 골프에만 집중하는 우리에게 캐디와 정겹게 말 한마디 나누는 배려가 필요하다는 것이었다. 자기들끼리만 놀지, 채도 각자 가져가지, 퍼팅라인도 물어보는 일 없지, 방향과 거리에 대한 조언도 필요 없으니 되게 심심하고 재미없었던 모양이다.

106

그래서 집중도는 좀 떨어지지만 '내가 상대해주마' 하고 동반자로 대우했다. 어떻게 대우했느냐 하면, 한 홀 끝날 때마다 캐디 철학을 말해줬다. 원래 캐디라는 말의 어원은 영어로 커뎃(cadet)이다. 불어로는 카데다. 커뎃은 '생도'를 뜻한다. 학생이란 의미도 있지만, 통상 사관학교 학생을 생도라고 부른다. 이들이 배우는 덕목은 국가에 대한 충성과 자기희생이다. 언제든 나라가 원하면 목숨을 내놓을 수 있다는 애국심을 함양하고, 동료와의 화합 및 충성을 배운다. 나라와 인류를 위해 하나뿐인 목숨을 내놓을 수 있는 기개를 갖추는 것이다.

## 골퍼를 즐겁게 해주는 말말말

이는 비단 우리나라 사관학교에만 한정된 것이 아니라, 선진국 모든 사관학교에서 공통으로 요구하는 수준이다. 미국 웨스트포인트 사관학교 졸업자가 군에 종사하는 경우는 극히 적고, 대부분 사회 주요 기관에서 일하거나 공공 덕목에 맞는 일을 한다. 이것이 국가에 충성하는 생도의 철학인 것이다.

영국 왕 제임스 2세가 골프를 하는데, 도우미가 필요했다. 일반적인 도우미로는 왕이 요구하는 수준에 맞추기 어렵다 싶어 육군사관학교 생도를 도우미로 붙인 것이 캐디

어원이 됐다. 절도 있고 조용하게 도움을 주는 사관생도가 듬직했던 것이다.

다른 유래도 있다. 스코틀랜드에서 유학하고 돌아온 영국 메리 여왕이 귀족 어린이들을 시동처럼 부렸는데, 그들 호칭이 프랑스어로 카데였다고 한다. 그런데 이 또한 생도의 또 다른 호칭으로, 귀족만 생도가 될 수 있던 유럽 문화가 엿보인다. 즉, 캐디의 근본은 잔심부름하는 시동이 아니라, 국가가 품질을 보증하는 귀족 자제를 뜻하는 것이다. 어찌 동반자로서 대우를 안 해줄 수 있으랴.

이러한 철학을 구라쳐 말해주니, 그가 요즘 유행하는 캐디 말을 들려줬다. 캐디가 동반자로서 라운딩하는 골퍼를 즐겁게 해주는 말을 종합한 것이다. 라운딩 시작 전 티샷 박스에서 하는 말이다.


드라이버 치기 전 캐디의 말

"사장님, 벗겨드릴까요?"

"자, 올라가시기 전에 몸 한 번 풀고 올라가시겠습니다."

"한 분씩만 올라가세요."

"아직 하시면 안 됩니다. 하라고 할 때까지 기다리세요."

세컨드 샷에서 하는 즐거운 말

"헤헤, 끝이 휘어 밖으로 나갔네요."

"손으로 만지면 안 됩니다."

"몇 번 드릴까요?"(글쎄, 한 번만이라도 주면 좋겠는데.)

그린에서 하는 재미있는 말

"너무 짧아서 안 들어갔습니다."

"앞에 분 빼고 나서 넣으셔야죠."

"마지막 분이 좀 꽂아주세요."

이는 골프를 심각하게 생각지 말고 즐기라는 뜻의 유머다. 하여간 카데, 즉 캐디는 도우미다. 도우미 임무는 다섯 가지 정도 된다. 골퍼가 무거운 채를 다 들고 다닐 수 없으니 첫 번째 임무는 채 운반이다. 두 번째 임무는 거리 측정이고, 세 번째 임무는 공을 닦아주는 서비스다. 네 번째 임무는 골프장 전체 틀을 설명하고 설계자 의도를 알려주는 것이다. 다섯 번째 임무는 골퍼 기분을 풀어주고 멘털을 도와주는 것이다.

그 밖에 필요악적 요소로 내 탓이 아닌 '당신 탓이오'를 외치는 골퍼의 스트레스 배출구로서의 임무다. 고고한 척하는 골퍼에게 그린 경사도와 공 방향을 알려주기도 한다. 홀컵에 공이 들어가면 자기 덕분이지만, 안 들어가면 캐디 탓으로 돌리는 사람이 의외로 많다. 나는 잘 치는데 네가 잘못 놓아서 그렇다는 것인데, 물론 골퍼는 자신이 잘못했다는 사실을 안다. 그래도 캐디 잘못이 조금이라도 있으면 아예 모든 걸 캐디 탓으로 돌려 자기 실수를 인정하지 않으려는 것이다.

## 나는 캐디를 어떻게 대하나

캐디 어원을 장황하게 설명한 이유는 그들이 가진 임무와 사명을 한 번쯤 생각해보라는 뜻에서다. 캐디는 당신

의 시동인가, 당신이 돈을 주고 고용한 하인인가. 국가가
키우는 간성으로서의 임무를 가진 사람이 잠깐 짬을 내
국왕 심기를 보살펴주는 것에서 시작한 귀족 도우미가 바
로 캐디이다.

그들은 하인이 아니었으며, 노동자는 더더욱 아니었다.
골퍼가 제대로 골프를 하도록 여러 정보를 알려주는 것
은 물론, 골프채와 공 등 장비가 기능대로 발휘하게끔 쓰
다듬고 닦아주는 어머니다. 캐디피도 고마운 마음에 성의
껏 주는 것이지 고용주로서 하인에게 주는 팁이 아니다.

하여간 자기 실수나 잘못을 캐디 탓으로 돌리는 인간은
격이 낮아도 보통 낮은 게 아니다. 자기 품격을 되돌아보
는 척도로서 "나는 캐디를 어떻게 대하는가" 자문해본다
면 자신의 격이 어떤지 답이 나온다.

어울려 사는 세상에서 타인과 자연에 대한 경외심을 알
때 지혜가 생긴다. 세상에 적응하는 것이 몸이고, 그 몸을
움직이는 주인은 마음이다. 몸을 통해 관계를 맺고, 그 관
계에 의해 마음 틀이 굳어진다. 굳어진 마음 틀은 몸을 굳
게 해 노화와 죽음으로 안내하는 지름길이 된다. 단순히
캐디와의 관계를 통해 자신을 돌아보라는 말이 아니다.
인생 전부를 단 하나의 행위로 돌아볼 수 있으니, 존중하
고 또 존중하라는 뜻이다. 겸손과 적응, 배려와 감사를 알
게 해주는 또 하나의 동반자, 바로 캐디.

**Is it a sin for fitness training to kill you, golf soldier?**
체력단련이 그렇게 쳐 죽일 죄인가, 군인골프

2013.03.25 880 호

## 軍 골프 어느 장군의 변명

3월 10일 키리졸브 훈련 하루 전날 서울 태릉골프장에 갔다. 예비역 친구 두 명, 현역 중령 후배 한 명과 함께 라운딩을 즐겼다. 아는 친구가 티 하나 구했다기에 냉큼 달려갔는데, 현역 후배가 끼어 있었던 것이다. 내 첫마디가 "어? 현역이 오늘 같은 날 골프 치나?"였다. 그동안 국내 정세로 미뤄 짐작건대 당연히 골프 금지령이 내려졌을 테고, 각 부대별로 할당된 티가 남아 나 같은 백수에게 차례가 왔나 싶었는데 그게 아니었다. "금지령 안 내렸어요. 집에만 있으면 뭐합니까?"

당연히 화제가 골프 금지령으로 이어졌다. 천안함과 연평도 사건이 발생했을 당시 안보 일선에 있는 현역 장교의 골프 금지령은 당연한 수순이라, 그해 군 골프장은 사상 최대 흑자를 올렸다. 일반인 한 명의 군 골프장 사용비가 군인 4명보다 높으니, 당연한 얘기다.

2011년 수도권에 있는 군 골프장 사장이 했던 말이다.

"작년 겨울 이상 한파로 큰 적자를 봤어요. 해마다 연말이면 지휘관의 부대 복지비가 여기서 나오는데, 골프장이 적자라 예하 단위부대들에 연말 저녁식사 값도 하달하지 못했습니다. 하여간 저만 작살났어요. 그런데 금년에는 5월에 이미 예상 수익을 넘어섰고 지금부터 들어오는 수익은 전부 흑자입니다."

그해 나 같은 예비역은 티 풍년이 났다. 현역을 위해 주말에는 부킹을 아예 하지 않고 인원이 모자라면 대타 정도로만 나가는 수준이었는데, 그해에는 주말마다 티가 풍성했다. 남북 대치 시 볼 수 있는 우리 군인의 서글픈 자화상이다.

그런데 올해 새 정부 첫 국무회의에서 군 장성들의 골프에 대해 대통령이 분노 서린 한마디를 내뱉었으니, 이 정부 5년 동안 장군들 골프는 안 봐도 뻔하다. 국방부 장관까지 청문회 자리에서 복무기간에 골프를 안 치겠다고 선 언하라는 주문까지 받은 마당에 더 말해 무엇 하랴. 복지 안동(腹地眼動). 배를 땅에 납작 대고 눈알만 요리조리 움 직인다는 눈치통 내공을 십분 발휘할 것으로 보인다.

그럼 이 시점에서 요란하게 두들겨 맞는 군인들의 골프 에 대해 변명 하나쯤 해줘야 하지 않을까 싶다. 골프는 나 쁘다는 언론의 고정관념을 되짚어볼 필요가 있고, 입은 있어도 말하지 못하고 영혼까지 없다는 자조 섞인 한탄 을 늘어놓는 우리 군인들에게 위로를 보내며, 30년 넘게 군 생활을 한 어느 후배 장군에 대한 얘기로 대신하고자 한다.

## 고급놀이? 장삼이사 심정 이해

나는 군인이다. 어려서부터 영민하고 강해 군인 체질이라 는 소리를 자주 들었다. 당연히 집에 돈은 없고 공부는 좀 하고 체력도 있어 사관학교에 지원했다. 친구들이 대학생 활을 즐길 때 지독한 교육과 얽매인 생활로 자신을 단련 했다. 금주, 금연, 금혼으로 몸을 다듬었으며 청춘을 산악 과 야전에서, 숲과 들에서 보냈다. 그 흔한 연애도 할 기회 가 없어, 아니 여자 만날 기회조차 없어 중매로 결혼했다. 집에 들어오는 기간을 달력으로 표시한 집사람은 1년에 남편 얼굴 볼 기회가 30일도 안 된다면서도 묵묵히 내조만 했다.

그래도 조국, 민족이라는 단어와 개인의 진급이 상호작용해 집보다 부대, 가정보다 조직을 우선시하는 삶을 살았다. 늘어나는 스트레스는 당연히 운동으로 풀었다. 젊어서는 축구공 하나로 정열을 불살랐으며, 중년에는 테니스로 일과를 마감했다.

중령 때 겨우 골프채를 잡았다. 야전에서 노닐다 정책부서로 처음 발령받아 부대 근처 골프장을 활용하기로 한 것이다. 서울에 가족이 있고 주말에도 올라가지 못해 집사람이 내려오는 삶이기에, 주말에는 할 일이 골프 연습밖에 없었다. 여행은 꿈도 못 꾸고 일가친척 방문도 장거리는 안 됐다. 전우들과 할 수 있는 일이라곤 골프 아니면 테니스였다.

북쪽 저 친구들이 한 방씩 쏴주는 덕에 1년에 절반 이상이 대기였다. 항상 비상체제를 유지하고 경계강화는 밥 먹듯이 하달돼 대기, 또 대기였다. 집사람이 내려와도 영내 대기하는 경우가 많아 가장 구실은 포기 또 포기해야 했다.

주중 스스로를 닦는 유일한 소일거리는 골프 연습이었다. 골프에 내재된 철학을 배우고, 도덕을 배웠다. 단결심을 배우고 남을 배려하는 겸양을 익혔으며 내 탓임을 배웠다. 그래서 업무에 집중할 수 있었고, 부하를 아꼈으며, 상사를 존경할 수 있는 터를 알았다. 가히 남을 비방할 줄 모르고 정부를 탓할 줄도 몰랐으며 명령에 충실한 군인으로서의 자세가 몸에 배었다. 싸게 해주는 그린피는 얄팍한 봉급으로도 충분했기에 국가에 고마웠고 국민에게 감사했다.

그런데 왜 무슨 일만 생기면 우리만 탓할까. "군인이 왜 저럴까?" "군인이 이 시기에 왜 저런 행동을 할까?" "아니, 이런 시기에 골프를 쳐? 에라, 쳐죽일 놈들...."

나는 반문하고 싶다. 그럼 이 시기에 뭘 할까. 휴일에 산에 가면 아무 말도 안 할까. 이 나이에 방 안에 틀어박혀 TV 채널이나 돌리란 말인가. 아니, 이런 욕을 들을 때면 집사람하고 침대에 있는 것도 욕먹는 일 아닐까 하는 생각이 든다. "이런 시기에 집사람하고 침대에 있다니." 뭘 하든 욕 듣기는 매한가지일 텐데, 하필이면 골프 하나만 잡고 이런 시비를 한단 말인가.

욕하는 장삼이사 심정을 모르는 바 아니다. 그들에게 박힌 골프에 대한 고정관념은 '있는 사람들의 고급 놀이'다. 하루에 40만 원 이상 드는 데다, 어울리는 사람이 상대적 박탈감을 느끼기에 충분한 계급 아닌가. 골프는 김지하 시인이 말한 오적이 즐기는 놀이다. 더한 추리를 해보면 군 사병생활에 대한 혐오감 때문은 아닐까. 내가 죽도록 박박 기던 시절 장교랍시고 거들먹거리던 사람에 대한 내

116

재적 질투가 아닐까.

## 그냥 영내 운동으로 이해를

감히 말하건대 군인 골프는 유한계급의 놀이가 아니다. 접대하는 사교도 아니고, 돈이 많아 하루를 즐기는 것은 더더욱 아니다. 사회적 통념으로 군 골프를 적대시하지 말 것을 당부한다. 일주일 내내 지하 벙커에서 야근을 밥 먹듯이 하는 우리는 산과 들이 그립다. 젊어서부터 고지전 훈련을 한 우리는 야전 흙냄새가 그립고 산하의 땀 냄새가 그립다. 유일하게 그리움을 해소하고 전투대비 훈련을 하는 장소로서 골프를 즐긴다. 도덕을 논하고 단결을 배우는 장소로서 골프장을 찾는다.

축구를 하기엔 늙었다. 휴일 집 안에 박힌 노인네는 되기 싫다. 먼 거리는 꿈도 못 꾸고 그저 부대 안에 있는 골프장에서 대기한다. 그것이 왜 그리 지탄받을 일인가. 골프장이 부대 밖 저 멀리 있는 것이 아니다. 영내에 있다. 그런

피에 세금이 없다. 당구보다 싸다. 우리가 도둑질해 돈이 많아 골프를 하는가. 아니다. 그냥 체력 단련 시설이다.

공군 친구들 변명은 더 들을 만하다. 활주로 옆에 자리한 비상시 물자 대기 장소에 잔디를 입혀놓았는데, 그곳을 골프장이라 한다. 일반 골프장에 비하면 이건 골프장도 아니다. 그래도 조종사들은 대기한다. 5분 대기는 아예 꿈도 안 꾸고 10분 대기도 마찬가지다. 30분 대기자는 채를 들고 나간다. 비행장 바깥으로는 아예 못 나가기에 영내에서만 대기하는 것이다.

이것이 죄인가. 나라를 지키려고 부대 안에 있는 체력장을 이용하는 것이 그리도 지탄받을 일인가. 북쪽 녀석들이 공갈 몇 번 친다고 달달 떨면서 대기하는 것이 진정 군인 자세인가. 저놈들이 깝죽대는 테러에 화들짝 놀라 앗 뜨거워라 하고, 전 국민을 겁에 질리게 만드는 술법에 놀아나는 어리석은 군인이 되길 바라는가. 최소한 미국과 연합훈련을 하는 시기에는 저들도 옴짝하지 못한다. 북한은 자기 나름의 생존전략으로 말 폭탄을 퍼붓는 것이다. 그걸 모르고 놀란 표정으로 지하벙커에 웅크리고 있는 모습이 국민에게 위안이 되는가.

직접적인 대비 직책에 있는 군인은 알아서 준비한다. 골프장에 가라고 해도 안 간다. 자기 할 일은 알아서 한다. 30년 군 생활에 이 정도 감이 없다면 그는 이미 군인이 아

118

니다. 진급으로 겁을 줄 일도 아니다. 우리 군인은 일단 일이 벌어지면 국가에 목숨을 바칠 준비가 돼 있는 사람들이다. 목숨을 담보로 영내 골프장에 다니고, 봉급을 받는 사람들이다. 최소한 욕하려면, 깨지고 터지면서도 제대로 대처하지 못하는 자세를 비난하라. 대기하면서 체력 단련을 위해 하는 골프를 욕하지 않았으면 하는 것이 우리 바람이다.

변명을 들을 줄 아는 자세, 열린 마음으로 포용하는 자세가 필요한 시기다. 우리가 용병인가. 돈 주고 사온 외국인인가. 다 당신들 이웃이고 삼촌이고 아들이다. 필요할 때 나 대신 죽어달라고 부탁해야 할 대상, 우리 군인이다. 전시에는 골프를 하라고 등 떼밀어도 안 한다.

## Tao Golf with General Kim Byung-Kwan 김병관 장군과 도 골프

**2013.04.01 881호**

### "상대가 실수할 때 격려하라"

티샷 지점에서 힘차게 드라이버를 쳤다. 이크, '쪼루'가 났다. 굿샷이 아닌 굴샷이다. 굴러가는 샷이란 뜻이다. 다른 말로는 뱀샷. '에이 쓰파' 소리가 나오려는데 동반자가 기분 좋게 한마디 던진다. "단오, 그런 걸 콘돔샷이라 하네." "예? 무슨 말씀이신지." "응, 위험하지도 않고 만족스럽지도 않다는 뜻이야." 와하하, 단박에 기분이 풀렸다.

그 덕분에 두 번째 샷은 정상적으로 날아갔다. 기분이 한결 나아져 다음 티샷 장소에서 대기하다 질문을 던졌다.

"선배, 18홀 내내 상대 기분을 풀어줄 만한 말을 해준다면 죽이는 골프가 되겠는데요. 그런 걸 한마디로 표현하면 뭐라고 부를까요?"

"도인끼리 운동하니 도 골프라고 부르기도 하지. 도 골프의 핵심은 상대방 기를 살려주는 말과 행동이네. 특히 상대가 실수할 때 용기를 내라는 격려의 말로 시작하지. 물론 내 실수는 오로지 내 탓임을 상대에게 알려주는 것이 기초야. 날씨를 탓하지 않고 페어웨이 상태를 욕하지도 말고, 그저 주어진 상황에 나를 적응시키며 동반자와 함께 즐거움을 누리는 게 다야. 이것만 있으면 인생이나 골프나 어려운 게 뭐 있겠어."

이렇게 한바탕 도 골프를 강의한 선배는 김병관 전 육군 대장이다. 단오는 한창 도 수련할 때 나를 부르던 호다. 도 골프는 2005년 그와 함께 원주비행장에서 운동할 때 우리 두 사람이 처음 제창한 것이다. 이런 양반이 38일간 치욕적인 수모를 당하고 국방부 장관 후보자 자리에서 물러났다. 나는 이 시대 싸움꾼이자 도인 하나를 잃은 기분이다.

## 세간 잣대로 보면 웃기는 사람

어느 누구도 그를 변명하거나 옹호하지 않았다. 홀로 싸우는 그 모양새가 어찌나 안쓰럽던지. 이제 무거운 짐을 내려놓은 그를 위해 한마디 할 때가 되지 않았나 싶다. 인간은 상대를 모르면 미워하고 알면 사랑한다는 진리가 독자에게도 각인됐으면 하는 바람이다.

그와 라운딩을 할 때 나눈 말을 어록으로 정리해봤다.


드라이버 샷이 오비가 났다. 간단하게 용기를 북돋우는 말은 "오우, 뷰티풀! 여자들이 가장 좋아하는 샷이네. 한번 더해봐."

세컨드 샷에서 뒤땅을 쳤다. "조오타! 뒤땅도 내 땅이다. 이 지구에서 내가 디딜 땅만 있으면 삶이 얼마나 무미건조하겠나. 펼쳐진 땅을 찾아가는 모험은 꿈도 못 꾸지."

어프로치 실수로 공이 그린을 넘어갔다. "햐, 장타네! 힘이 남아도니 마나님이 좋아하겠어."

어프로치가 너무 짧다. "좋아, 그렇게 끊어가면 실수가 없어."

퍼터가 비켜갔다. "음, 평소 밝히지 않는 도덕성이 드러나는구먼."

해저드에 공이 빠졌다. "이 동네 토지신과 용왕님이 제물을 요구하는구나. 제물을 받았으니 다음 샷은 무조건 잘 돼."

김병관 전 대장은 경남 김해 촌놈 출신이다. 생도 시절 처음 그를 만났다. 첫 수업 시간, 웬 시커멓게 생기고 참 못생겼다 싶은 선배가 강의실에 들어왔다. 모두 낄낄거리며 경제학 수업을 들었다. 지금은 아주 잘 생기고 무인다운 풍모를 보이지만 그때는 그랬다. 시커먼 얼굴이 영낙없는 촌놈인데 머리는 참 좋은 양반.

중대장 시절, 대대장이던 그와 두 번째 조우했다. 나는 임진강을 지키는 보병 장교이고 그는 경기 일산의 포병 대대장이라 부대가 인접했다. 그는 '손자병법'을 실전에 어떻게 적용해야 하는지 조곤조곤 설명해주곤 했는데, 전쟁사를 전공한 나로서는 참 고마웠다. 하여간 공부를 잘하면 병법을 현실에 저렇게 잘 적용할 수 있구나 하고 부러워했다.

육군대학 다닐 때 전략교수이던 그와 다시 만났다. 후배

장교에게 주로 가르치는 내용은 인간과 전쟁의 철학이었
다.


현장을 무시하는 병법가는 이론에만 치우쳐 상황 대처 능
력이 부족하다. 모든 전투는 살아 있는 생물이다. 원리를
끝없이 파헤치면 직관이 발달한다. 전투는 순간의 직관력
이 승패를 좌우한다. 늘 사색하고 상황을 가정하라. 기습
이란 없다. 내가 대처하는 방법을 평소 생각지도 않고 연
습하지 않았기 때문이다.

생명을 소중하게 여겨라. 목표는 화력으로 제압하라. 이
겨 놓고 싸우려면 목표가 가장 중요하다. 부하들에게 의
미 없는 죽음을 강요하지 않으려면 지휘관은 전투 신이
돼야 한다. 신이 되는 지름길은 늘 상황을 그림으로 그리
고 생각하면서 전투하라. 당황하는 장수는 지게 돼 있다.


네 번째 만남은 도인으로서였다. 내가 수련에 몰두할 즈
음 어느 날 새벽 육군본부 수련장에서그를 만났다. 아침
명상과 운동으로 하루를 시작하던 그는 이 시대를 선도
할 꿈을 가진 열렬한 수련자였다.


사람이란 지구상의 연극배우다. 자신의 역할에 충실한 배

우가 돼야 웃으면서 죽을 수 있다. 삶의 소임에 얼마나 녹아 들어갔느냐에 따라 사후 천국과 지옥문이 갈리는 것이다.

당시 우리는 도담(道談)을 나누고 명상에 심취해 군인으로서의 철학을 다졌다.

하여간 그 시대, 하나회가 사라지고 3류, 4류가 득세하던 군 수뇌부에 저런 양반이 있다는 것은 국가의 행운이라고 후배들은 좋아했다. 군인 구실에 충실하려고 열심히 운동하고 명상하며 나라를 위해 무엇을 할 것인지 걱정하는 순수한 사람이었다. 그런 그를 나는 도반(道伴)으로서 좋아했다.

## "모든 것의 주인은 나" 강조

그를 장관 후보자에서 밀어낸 갖가지 의혹에 대해선 따로 언급하지 않겠다. 그를 위해 할 얘기가 많지만 세간 평가에 맡길 따름이다. 언젠가 균형 잡힌 평가를 받으리라 믿는다. 한 가지만 얘기하자면, 그는 자유인이라는 것이다. 일반인의 관점이나 도덕만으로는 잴 수 없는. 세간 잣대로 보면 그는 웃기는 사람이다. 하지만 도인으로서의 그는 성실하고 자유롭게 자신의 삶을 주체적으로 끌고 나가는 사람이다.

그랬기에 그는 도 골프를 주장했다. 병법을 알고 인간을 알았기에 골프 또한 도로서 행하라고 지인에게 늘상 강조했다. 그가 육군대학 교수부장 시절 학생 장교들에게 가르친 도 골프의 철학을 요약해보자.

'골프는 인생의 축소판'이란 말은 많이 들어봤을 것이다. 천지자연과 나를 동화해야만 하는 점이 그렇고 주어진 환경에 적응해야 하는 점도 그렇다. 평범한 인생을 살든 군인으로서 생활하든 기본은 동일하다. 즉, 모든 것의 주인은 나 자신이라는 점이다. 주인 된 도리란 무엇인가. 내가 설계한 대로 인생을 살며 내 몸을 움직이는 것이다.

골프를 잘하고 못하는 것도 나한테 달렸다. 내가 주인이고 선생이고 학생이다. 무엇을 어떻게 하건 모든 것은 나의 선택이다. 아무리 짧은 거리라도 골프채는 내가 선택한다. 퍼팅을 드라이버로 하건, 세컨드 샷을 퍼터로 하건 내 마음이다. 전쟁 시 평양을 공격할 때 비행기로 때리건, 보병으로 때리건 선택은 장수가 한다. 위대한 장수는 선택의 묘를 아는 사람이고 그렇지 않은 사람은 적시성(適時性)을 모르는 선택을 한다. 왜 승패를 병가지상사(兵家之常事)라 하는가. 흔히 일어나는 일이기 때문이다. 거기에 자신을 함몰시킬 필요는 없다. 단지 삶의 여정에서 일어나는 더 큰 공부 조건이라 간주하고 더 열심히 공부하라.

내가 도인으로서의 그를 조명하는 것은 무조건 감싸려는 의도가 아니다. 단순한 도덕성 잣대로 누군가를 미워하는 일을 경계하기 위함이다. 나는 그가 더 큰 지혜인으로 대중 앞에 나서리라 믿어 의심치 않는다. 부디 이 글이 그를 위한 변명으로 읽히지 않기를. 한 인간과 그 삶에 대한 또다른 시선이라고 해두자.

## Healing golf, the last round on the ground 치유골프, 지상에서의 마지막 라운드

**2013.06.24 893호**

몇 년 전 절친한 친구가 도움을 청해왔다. 아내가 위암으로 네 차례 수술을 받았는데, 이번에는 상황이 아주 안 좋으니 상담 좀 해달라는 것이었다.

"당연히 그리 해야지" 하며 몇 가지 질문을 던졌다. 발병 시기는? 수술 후 요양은? 현대의학적 방법 외에 해본 다른 요법은? 운동요법 경험은? 이런저런 질문을 던져보니 늦었다는 결론이 나왔다. 그래서 내가 할 수 있는 일과 할 수 없는 일을 설명한 다음 어디서 아내를 만날지 물었는데, 뜻밖의 대답이 돌아왔다. 골프장에서 라운딩을 하며 상담해달라는 것이었다. 얼마나 골프를 좋아했던지 죽기 전

몸을 조금이라도 움직일 수 있을 때 필드에 나가고 싶다
는 것이었다. 현역 장성인지라 할당된 티를 그 주 일요일
에 나에게 줄 테니 라운드를 통해 질병과 치유, 삶과 죽음
에 대한 도담(道談)을 나눠달라는 부탁이었다. 어찌 이 애
절한 사연을 듣고 거절하랴.

팀을 구성하면서 유방암으로 절제 수술을 받은 친구의 아
내 한 명과 자궁암 수술을 받은 사촌 여동생을 추가했다.
암환자 경력을 가진 여성 3명과 하는 '꽃돌이' 라운드였다.
일반인과 하는 꽃돌이는 재미가 없어 사역이나 노동으로
느껴지지만 이날의 라운드는 엄숙했다.

하지만 아무리 엄숙하고 진지하더라도 골프는 골프다. 집
중의 묘미와 재미 요소를 추가하지 않으면 이상하게 변
질되게 마련이다. 첫 홀부터 골프장의 야농(야한 농담)으
로 시작해 무조건 깔깔거리게 만드는 것이 1차 목표였다.
2차 목표는 죽음이 공포와 두려움의 대상이 아니라 영혼
의 휴식기며 성장을 위한 재료라는 점을 인식시키는 것,
3차 목표는 질병을 자연스럽게 받아들이는 태도를 확립
하는 것이었다. 출발 전 앞뒤 팀에게 설명하고 지연플레
이를 하겠다고 양해를 구했더니, 흔쾌히 동의해줬다." 무
조건 잘해드리라"는 부탁과 함께.

**암환자 경력 세 명의 여성**

목사와 승려, 신부 등 3명이 라운딩을 했다. 승려의 매너가 개판이라, 목사가 하나님에게 "저 중 녀석 번개로 한판 때려달라."고 기도했다. 그러자 번개가 쳤는데, 엉뚱하게 신부가 맞았다. 목사가 하나님에게 이유를 묻자 이런 답이 돌아왔다.

에이 시발, 벼락이 오비(Out Of Bounds·OB)났다.

한국인이 일본인과 라운딩을 하던 중 슬라이스가 났다. 성질난 이 친구가 "니기미"하고 중
얼거리자, 일본인이 "무슨 뜻이오?"라고 물었다. 머쓱해진 친구가 말하길 "휘어지는 공을 우리네 속으로 '니기미'라고 합니다." 일본인은 그러냐고 고개를 끄덕였다. 얼마 후 이 일본인이 악성 슬라이스를 낸 후 하는 말". 에이. 잇빠이 니기미데스요."

하여간 18홀 내내 한 홀에 하나씩 요런 이야기를 하며 분위기를 잡았다. 십팔 구멍의 철학, 작대기 돌리는 기술 등을 강의하면서 웃음꽃이 피게 만들고 질병과 죽음에 대한 설명을 곁들였다. 홀컵에 들어간 공도 다시 탄생해 다음 홀을 기다리는데, 인간에게 어찌 이번 생의 삶만 있겠느냐. 들판에 피는 꽃도 겨울이면 잎을 다 떨어뜨리고 봄에 다시 태어날 것을 알기에 뿌리로 준비한다. 미물도 재탄생을 아는데, 인간만 모른다는 게 말이 되느냐. 이런 이

야기를 하면서 편안한 죽음을 맞게 도와주는 호스피스 노릇을 충실히 했다. 이어 질병과 암에 대한 기초상식을 골프에 빗대어 설명해줬더니 동반한 여성들도 몹시 기뻐하며 무척 감사해했다.

골프공이 아무리 새것이라도 여섯 홀쯤 지나면 상처가 난다. 채에 맞고 나무나 돌, 카트 도로 등에 의해 충격을 받아 딤플이 망가지고 탄력이 줄어드는 것이다. 이것은 외부환경 조건과 공의 쓰임새가 교환한 결과다. 공 한 줄이 3개인 것은 18홀을 도는 동안 6홀씩 나눠 쓰라는 뜻이다.

인간 몸도 공과 같다. 30세까지와 60세, 90세까지로 나눠보면 몸의 쓰임새가 각각 다르다. 초반 30년은 배움의 시기로, 방황하는 청춘이다. 보살핌이 필요한 시기고 펼쳐진 세상에 적응하는 나이다. 중반 60세까지는 펼침의 시기다. 배운 지식으로 삶을 연기하는 나이인 것이다. 후반 90세까지는 결실의 시기다. 배우고 펼친 경험, 이것이 기억으로 저장돼 지혜로 발전하는 나이다. 보통 사람은 지혜를 깨치지 못한 채 60세 이전의 경험만 들먹이고 과거를 되새김질하다 생을 마감한다. 더구나 자신이 설계한 삶의 경험이 지루하다고 느끼면 결실의 나이를 거부한 채 스스로 몸을 버린다. 이것 또한 자기 스스로 설계한 것이다.

당신이 몸을 버리는 방법으로 암을 선택한 이유는 다른

경험을 통해 지혜를 얻으려 하는 내면의 간절한 바람이 다른 몸을 원했기 때문이다. 진정 암을 극복하길 원하는가. 그럼 남은 기간에 인생과 죽음, 환생과 탄생에 대한 해답을 간절히 갈구해보라. 스스로 답을 얻기 어려워 선각자와 대화하길 원하지 않았나. 본성의 나에겐 결코 죽음이란 것이 없다. 내 하인인 고도로 설계된 육체의 용도를 버리는 것일 뿐이다.

좀 형이상학적인 설명이었지만 그녀는 알아듣는 듯했다. 퍼팅의 묘미와 죽음의 철학은 동일하다면서 홀에서 공을 꺼낼 때 공 자체가 돼 다음 탄생을 기다린다는 설명이 그럴듯하다고 여긴 모양이었다.

## 인생의 생로병사는 자신이 만들어

질병에 대한 질문에 답을 줬을 때는 그예 눈물을 펑펑 쏟고 말았다. '질(疾)'이란 환경적 요소가 나와 맞지 않을 때 일어나는 몸의 부적응이다. '병(病)'이란 내 무의식의 에너지가 몸을 망가지게 하는 것이다. 즉 부정적인 에너지를 오랜기간 사용해 그 에너지에 세포가 적응한 것이 바로 병이다. 간단한 원칙을 모르니까 질병이 나한테 왔다고 생각하지, 나 자신이 끌어들였다는 생각을 하지 못하는 것이다. 결국 암이란 것도 내 무의식의 부정적 에너지에 세포가 적응한 결과다. 여기서 부정적 에너지란 공포, 분노, 걱정, 불안 등의 감정을 말한다. 최소 10여 년간 이러한 감정의 노예가 됐기 때문에 암세포로 적응한 것이다.

골프를 칠 때 장시간 사용한 근육은 반드시 깨지게 돼 있다. 테니스 엘보나 고관절 비틀림이 골프를 하지 않으면 발생하지 않는 것과 마찬가지로, 부정적인 감정이 내부 장기를 망가뜨린 결과가 바로 질병인 것이다. 내가 무엇 때문에 이런 몸 상태를 선택했는지 본성은 알고 있다. 죽음이라는 휴식기를 가지길 원해서다. 죽기 싫다고 억지로 한을 만들지 마라. 그 한이 귀신이 돼 환생을 방해한다. 이는 다른 몸을 갖는 걸 어렵게 만들기 때문이니, 편안하게 받아들여라. 마치 양파를 하고 나서 다음 홀에서는 파를 해야지 하는 마음처럼….

약 5시간에 걸쳤던 삶과 죽음, 질병에 대한 논의를 이 지면에 다 쓸 수는 없다. 하지만 질병에 대한 일반적인 관점은 자신이 만들었다는 간단한 진리를 설명해줬다. 골프 실력을 자신이 만들듯, 인생의 생로병사 또한 자신이 만드는 것이다. 질병을 자신이 만들었다는 사실을 확신하면 치유도 자신이 한다는 평범한 진리를 알게 된다. 골프가 잘 안 될 때 원인을 알고 연습하면 개선되는 것과 같은 이치다. 암이라는 불치병도 알고나면 간단한 문제다. 감기보다 더 쉽다는 것이 내 결론이다.

친구 아내는 나와 라운딩을 하고 한 달 후 임종했다. 무척

편하게 가는 그 모습이 자식들로서는 오히려 안쓰러웠다
고 한다. 그녀는 18홀의 마지막 홀컵 안으로 조용히 떨어
진 것이다. 다음 라운드에는 언더파를 해야지 하면서....

추신. 친구는 3년 후 재혼했다.

**Learn the logic of life.** 인생 논리 배우기

## 탄생부터 선택까지 삶을 닮았네

이번 호에서는 좀 형이하학적이면서도 형이상학적인 논리를 얘기하고 싶다. 도대체 골프라는 운동을 통해 배울수 있는 인생 논리는 몇 가지나 될까. 보기플레이어 시절도에 입문해 이 연관성을 찾아가는 데 10년 넘게 걸렸다. 처음에는 '거의 비슷하다'는 느낌이 있었지만 실제로 와닿는 데는 오랜 시간이 걸렸다. 골프 경험은 긴 시간을 두고 쌓여 가는데 수행 체험은 순간적으로 다가왔기 때문이다.

하지만 골프 또한 순간적으로 감이 오는 운동이란 것을 알고서야 인생 논리와 골프 논리가 대부분 딱 들어맞는

묘한 쾌감을 느꼈다. 이를 두고 옛 선승들은 돈오점수(頓悟漸修)니 돈오돈수(頓悟頓修)니 하고 한 세기를 입씨름했지만, 단언컨대 돈수는 없다. 한 방에 죄다 알아차린다는 것이 돈수이고, 단계별로 올라간다는 것이 점수이다. 인생이나 골프나 모든 것이 분명하다. 단계 없이 한꺼번에 이룰 수 없기 때문이다. 그래서 이 단계, 즉 한 발씩 올라가는 묘미가 돈오점수이며 골프나 인생에서나 똑같은 법칙이 성립된다.

필드에선 트러블 샷을 해야 할 때가 아주 많다. 18홀 내내 멋지게 날아가 의도한 대로 그린에 오른 뒤 홀컵에 떨어지는 경우는 없다. 같은 골프장에 수백 번 다녀도 같은 상황이란 존재하지 않는다. 마찬가지로 삶에서도 어제와 같은 오늘은 없고 백 살을 살아도 오늘 같은 상황은 되풀이되지 않는다. 같은 직장, 같은 동료와 있어도 어제 같은 상황은 연출되지 않는다.

이러한 변화의 법칙, 시공간이 같음에도 왜곡이 일어나지 않는 묘한 창조성의 내면에 무엇이 있기에 그럴까. 그 답을 얻고자 철학이 존재하고, 사색으로 해결할 수 없는 그 무엇은 신학의 도움으로 해결한다. 한계를 가진 인간이란 존재가 무한계를 알려고 깊은 내면의 창조법칙, 현재 존재하는 사물과 현상의 변화법칙을 알고자 인문학이 발달했으며 자연과학이 점점 그 신비를 밝혀낸다.

## 수백 번 다녀도 다 다른 상황

여기서 주목해야 할 점은 태어남과 동시에 진행하는 삶의 여정, 그리고 마지막 홀컵까지 들어가는 순간을 인생에 비유해본다면 태어나기 전, 홀컵 이후의 여정은 무엇일까라는 의문이다. 이 의문에 대한 해답을 얻고자 30여년간 노력한 필자가 알아낸 신비의 그 무엇을 골프라는 운동에 비유해 해답을 제시해본다. 모르는 사람한테야 하나의 가설이지만 아는 사람에겐 증명의 방법을 모르는 진실이다. 모든 과학은 증명이 필수지만 과학 너머 신학은 증명의 방법만 모를 뿐 똑같은 과학이다.

먼저 탄생의 신비에 대해 말해보자. 골프의 첫 시작은 공을 티 위에 올려놓는 것이다. 티 위에 공을 올려놓는 순간 이미 그 공의 생명은 시작됐다. 노터치. 손대면 안 되고 건들면 벌타다. 그럼 우리네 생명은 언제부터일까. 자궁에 잉태된 그 순간일까, 아니면 자궁 밖으로 나와 첫 울음을 터뜨린 때부터일까.

정답은 잉태된 그 순간부터다. 생물학적으로 아직 인간 모습을 갖추기 전인데 무슨 생명의 시작이냐고 반문한다면 당신은 멀어도 한참 멀었다. 둥근 우주의 시작이 알이라는, 형태의 창조성을 모르기 때문이다. 공의 모습도 알의 모습을 닮았다. 알이 '앙' 하고 크게 진동해 태어남을 현대과학은 빅뱅이라고 부른다. 우리 선조는 이것을 후대에 탄생의 법칙을 알라는 의미로 전했다. 민족의 노래인 '아리랑'이 바로 그것이다. 알이 '앙' 하는 게 아리랑이다.

어느 민족에게나 있는 난생설화, 알에서 모든 것이 태어났다는 신화는 알의 모습이 본래의 우주 모습이요, 우리네 어머니의 자궁 모습이며, 내 생명 근원인 난자의 모습이라는 걸 뜻한다. 알이 진동하려고 의식이 에너지를 부여하는 것, 이것이 정자의 진동이고 운동이다.

좀 더 고상하게 우리네 철학으로 이야기하면 율려운동이다. 4율 6려, 또는 3율 7려라는 이 운동은 부조화의 근원이기도 하거니와 주역의 법칙을 설명하는 주파수 진동의 차이를 설명하는 용어다. 아마 어려울 것이다. 어려워도 무척 어려울 것이다. 30여 년을 고뇌하고 공부한 필자가 이 법칙을 알아내는 데만 십수 년이 걸렸는데, 단어 몇 개와 문장 몇 줄로 알아버린다면 쉬워도 너무 쉬운 세상이 되지 않겠는가. 그래서 앞에서 돈오돈수는 없다고 단언한 것이다.

고차원적 생명의 근원적 에너지, 영혼이라 불리는 우주 변화의 창조적 힘은 난자라는 자궁 속 알의 모습에 힘을 부여하는 것으로 시작된다. 단순히 정자와 난자의 결합이 힘에 의해 변화한다면 내면의 에너지 변화의 법칙은 도무지 알 수 없다. 정자와 결합한 난자가 2세포, 4세포, 8세

포, 16세포로 계속 분열하는 이 변화의 힘은 영적 에너지
의 힘을 보여주는 것이다.

과학이라는 이름으로 아무리 측정하려 해도 할 수 없는
이 힘. 세포분열을 일으키는 이 힘을 개념상으로는 영혼
의 에너지라 한다. 수련자들이 알고자 하는 의식의 무한
한 힘의 근원, 생각 에너지에 믿음을 부여하면 그것이 에
너지가 된다는 평범한 진리, 이 진리가 영혼의 에너지다.
학문적으로 말한다면 무의식과 절대의식이 만들어내는
우주 창조의 변화법칙이다. 이 영혼의 에너지가 난자에
힘을 부여하면 생명이 된다.

그 힘을 과학에서는 4가지 힘, 즉 중력과 약력, 강한 약력
과 약한 약력으로 부르지만 사실은 우주 창조의 전체적
인 힘이다. 이것이 하나의 알에서 진동하면 개체가 돼 그
나름대로 생명활동의 개체가 되고, 집단이 되면 사회성을
가진 군체가 되는 것이다. 생명 탄생의 비밀은 존재가 가
지는 창조의 근원적 힘을 알면 쉽다. 나 자신이 바로 그 힘
의 근원이기 때문이다.

## 세포분열과 영혼 에너지

어렵다면 쉬운 예를 하나 들어보겠다. 어떤 물질이든 그
물질이 형태를 갖추기 전 반드시 하나의 필드(field·場)가

먼저 형성된다. 골프장을 필드라고 부르는 이유가 있다. 자기장이 만들어지고 난 다음에 물질이 생기는 것이다. 달걀에서 병아리가 만들어지는 과정을 살펴본 결과에 따르면, 달걀 위쪽과 아래쪽 사이에 먼저 전류가 흐르고, 이 전류가 하나의 필드를 형성한다. 이어 척추가 만들어진다.

모든 생명은 이 과정을 거친다. 난자가 세포분열하기 전에 먼저 머리, 척추, 다리 등의 '장'이 만들어진 다음 각각의 모양새가 완성된다. 우리 눈의 세포는 완성된 모양만 보도록 세팅됐기 때문에 그 필드를 보지 못한다. 하지만 조금만 수련을 해보면 '오라'라고 부르는 생명 외곽의 거푸집을 볼 수 있다. 이 거푸집의 에너지를 우리는 생명이라 부른다. 이 에너지가 뭉치면 몸이 되고 흐트러지면 영혼이라 한다. 결국 몸은 보이는 마음이고 마음은 보이지 않는 몸이라는 옛 선승의 말이 진리라는 사실을 체득하게 되는 것이다.

자, 드라이버로 치기 전 공을 티 위에 올려놓는 순간 그 공은 생명을 부여받는다는 말이 이해되는가. 그리고 우리네 나이 계산법에 따라 태어남과 동시에 한 살이 되는 개념을 이해할 수 있는가. 그렇다면 어째서 65억 전체 인류의 삶은 개개인마다 다른가, 나의 삶과 당신의 삶은 왜 차이가 나는가, 똑같이 시작한 골프구력이 왜 개인마다 다른가 하는 의문이 들 때가 됐다. 다음에 배워야 할 것은 삶의 법칙을 골프 핸디캡과 비교해 생각하는 것이다.

철학 위의 철학, 신학 위의 신학이란 이름의 골프 운동을
통해

*About the Author*

Kim Jong Up was born in 1956 in Changwon, Gyeongsangnam-do, South Korea. He graduated from Masan High School and the Korea Military Academy and he was discharged as a colonel after 29 years of military service. He's been training with nature to reach enlightenment throughout his military service and after his military life. After experiencing the mysteries of the universe, the military uniform was changed into a training uniform, and he lives in the joy of spreading the Tao tradition to as many people as possible and maintaining a daily practice of the Tao. Currently, he is the representative of the group Do-na-nurie (Sharing Tao) and gives advice to anyone who wants to train with him. His books include Doran Doran Tao story, An Evolving Mind, and Freedom from Cancer.

You can find information at www.donanuri.org
http://cafe.daum.net/donanury

www.ingramcontent.com/pod-product-compliance
Lightning Source LLC
Chambersburg PA
CBHW071535040426
42452CB00008B/1025